SI
TE DUELE,
AHÍ
NO ES

El papel utilizado para la impresión de este libro ha sido fabricado a partir de madera procedente de bosques y plantaciones gestionadas con los más altos estándares ambientales, garantizando una explotación de los recursos sostenible con el medio ambiente y beneficiosa para las personas.

Si te duele, ahí no es

Una guía para personas monógamas y poliamorosas que quieren amar éticamente

Primera edición: mayo, 2025

penguinlibros.com

Diseño de interiores: Penguin Random House / Amalia Ángeles

ISBN: 978-607-385-724-6

Impreso en México – *Printed in Mexico*

SI TE DUELE, AHÍ NO ES

UNA GUÍA PARA PERSONAS MONÓGAMAS Y POLIAMOROSAS QUE QUIEREN AMAR ÉTICAMENTE

JAIME GAMA

@GOTITASDEPOLIAMOR

Grijalbo

Índice

Agradecimientos

A mi madre por confiar en mí y ser un lugar seguro al que podía volver.

A mi red de apoyo, sin quienes no habría tenido la sanidad mental para llevar este proyecto.

A Ricardo Sánchez que creyó en mí cuando yo no podía hacerlo y me ayudó a descubrir mi voz.

Y a Marco Rincón, mi compañero desde hace más de diez años, ahora mi familia elegida. Él fue quien se volvió mi hogar seguro y mi base segura, dándome ese empujón cuando lo necesitaba para alcanzar mis deseos, siempre diciéndome que cuidaría de mí con sus poderes —y sí lo ha hecho—.

Prólogo

ESTE NO ES UN LIBRO DE POLIAMOR. Es un libro de relaciones éticas.

Nos han dicho que si amamos a alguien debemos aguantar. *Es tu papá/mamá/hermano/esposo y te aguantas.* Eso es muy pesado y genera mucha impotencia. Sobre todo porque condena a que si se ama a alguien, vamos a tener que *aguantarlo.* ¡Y no puedes quedarte en una relación que tengas que *aguantar*! Bueno, sí puedes...

Aunque, como dice Friedrich Nietzsche en *Así habló Zaratustra*, el espíritu debe pasar por tres transformaciones. La primera es volverse un camello que aguanta. La segunda sucede cuando el camello se rehúsa a aguantar más y se rebela, convirtiéndose en un león. Ese león dice: "Yo quiero" y su trabajo es pelear contra el dragón que dice: "Deberías". Al derrotarlo, el león se vuelve un infante que comienza su camino.

Yo fui criado para ser un camello en mis relaciones. Debía aguantar por amor, debía conciliar por amor, debía conformarme por amor. Y si no era feliz, era mi culpa porque no me estaba comprometiendo o porque tengo problemas de autoestima. Muy rara vez la opción era que tal vez, y solo tal vez, estaba con una persona incompatible conmigo. Eventualmente surgió mi transformación en león. *Yo quiero cantar; yo quiero tener mi colección de muñecas, aunque eso sea "de niñas"; quiero pintarme las uñas; quiero una pareja con quien construir una relación y un proyecto de vida.*

Y aunque los dragones del *deberías callarte y tener las uñas despintadas* fueron derrotados con ayuda del cambio de contexto que hemos tenido socialmente, al menos en la Ciudad de México, el último perseveró. El mensaje de *querer pareja es codependiente* estaba muy presente. Además de que tiene que ser amor de verdad, eterno y puro, a la primera, porque cada relación que termine será considerada un fracaso, aun si fue feliz.

Hay un camino claro a seguir: conocer a alguien, gustarse, besarse, tomarse de la mano, *formalizar*, tener sexo, vivir juntos, casarse, tener hijos, divorciarse y repetir *ad infinitum*. O algo parecido. Por eso cuando descubrí las relaciones abiertas me pareció algo completa y absolutamente ridículo. Esas personas claramente no se amaban ni a ellas mismas, ni entre ellas, si permitían que su pareja se acostara con alguien más. Finalmente, el sexo es lo que diferencia a las amistades de las parejas, ¿no?

A lo largo de estos capítulos te contaré cómo pasé de eso a lo que soy hoy. Nunca pude identificarme como poliamoroso, a pesar de estar en una relación poliamorosa durante varios años. La etiqueta de monógamo tampoco me acomoda porque sí me gusta la idea de vivir mi sexualidad más allá de la relación romántica en la que estoy y hacer las paces con eso. ¿Necesito más de un amor romántico? No. ¿Puedo tener más de un amor romántico? De que puedo, puedo... Fue a partir de ahí que decidí construir mi concepto de relaciones éticas tomando como base mis cuatro valores esenciales: libertad, autenticidad, compromiso y amor.

En este libro, quiero contarte cómo decidí esos valores y cómo he transformado mi vida generando relaciones éticas. Aun así, si te llevas algo de leer este libro, me gustaría sugerirte que sea esta idea: nadie tiene LA respuesta sobre qué tipo de relación es mejor para ti. Yo no voy a decirte qué hacer; es más, ni siquiera voy a decirte qué está bien y qué está mal. Lo que voy a hacer es abrir la puerta de mi mundo, mi universo, pasear un rato contigo compartiéndote todo lo que contiene y al final te diré: ¿Tú qué quieres?

A pesar de que no voy a darte la respuesta, quiero confiar en que mientras lees estas líneas podré acompañarte a explorar TU mundo. Identificar qué necesitas, validarlo y tratarte con compasión. También deseo poder ayudarte a entender que no todo es tu culpa ni tu responsabilidad. Si todo fuera tu culpa (o responsabilidad), todo dependería de ti y ya lo habrías arreglado.

Este libro es para ti que quieres construir una relación diferente, sabiendo que tu primer vínculo eres tú, pero no es el único. También es para ti que estás en esa relación en la que no estás "mal", pero tampoco eres feliz y te juzgas por "autosabotearte". Por supuesto, también es para ti que quieres explorar o ya estás explorando el poliamor o la no monogamia.

La razón por la que empecé a estudiar este tema y ahora estoy escribiendo este libro es muy sencilla: me sentía muy solo. Parecía que todo el mundo sabía cómo tener relaciones de pareja, cómo poner límites y cómo tener una vida feliz. Al menos así se veía en Instagram. Y explorar un camino diferente al que nos dicen que debemos seguir puede dar mucho miedo. No solo eres tú, ni soy solo yo. Mi tesis de maestría estaba enfocada en la jerarquía y masculinidad en hombres homosexuales que se identifican como poliamorosos. Yo asumí inicialmente que una solución sería deconstruir su masculinidad, pero, para mi gran sorpresa, el elemento común que permitía que tuvieran relaciones más disfrutables y funcionales era tener una comunidad.

Una pareja que tuve me decía: "Aquí estoy; tomo tu manita, no te suelto y no me voy". Ahora entiendo lo poderoso de ese mensaje. Esa fue la clave para mi tercera transformación, de león a infante. Un infante no viene preprogramado con ideas de lo que debe o no hacer. Vive la vida con curiosidad, conociendo y discriminando qué le hace bien y qué no.

Hoy puedo decirte que sigo sin considerarme poliamoroso por identidad, pero sí puedo asegurarte que todo lo que he aprendido en relaciones poliamorosas ha transformado completamente mi forma de ver el mundo. De pronto soy ese niño que busca lo que quiere y necesita, dejando atrás el "deberías". Así como hace ya varios años hubo una comunidad que me recibió, quiero extender la mano para decirte que no estás solo. Aunque hay varios libros en inglés sobre el tema, con este libro quiero contribuir a los recursos disponibles para personas hispanohablantes. Ya el hecho de que estés leyendo estas palabras me llena de gratitud y felicidad.

Entonces, te propongo que empecemos este camino para que *amemos éticamente, validemos nuestra experiencia y juntos sanemos las heridas del corazón.* Y si llegas a dudar de tu capacidad de lograrlo, déjame decirte algo: Sí puedes, pero ¿quieres?

1

El mito del amor romántico

UNA NOCHE HACE ONCE AÑOS, mi "yo" de 17 encontró su amor de verdad en un bar de la Zona Rosa.

Un amigo de quien alguna vez estuve enamorado me acompañó "de cacería", con el objetivo de enseñarme a ligar y así poder conocer a quien, con algo de suerte, sería mi primer novio oficial. Nos separamos por unos minutos, pero eso fue suficiente para que mis ojos coincidieran con la mirada de un hombre alto, con una sombra de barba recién afeitada y una sonrisa que me maravilló. Cuando mi amigo regresó, muy contento y emocionado le dije: "¡Ese es!", a lo que mi amigo contestó: "No, ese no. El que quieras, menos ese". No es que lo conociera ni nada por el estilo, simplemente su instinto le decía que no era buena idea. Por supuesto, no me importó y decidí hablarle. Platicamos, nos reímos, hicimos todo el protocolo no hablado de cómo abordar a alguien que te gusta. Antes de irse, me dio su teléfono en una servilleta. ¡Tenía la letra más hermosa, elegante y precisa que jamás había visto! No te hablo de que estaba derechita y clara, sino que realmente parecía sacada de un libro de antaño donde se escribía con pluma fuente.

Yo estaba listo para vivir mi historia de amor. A fin de cuentas, eso que sentía no podía ser otra cosa que amor de verdad. Hasta ese momento había conocido a una que otra persona y había besado a algunos de ellos, pero nunca escaló a tener sexo, eso estaba reservado para alguien que quisiera conectar con mi corazón antes de explorar mi cuerpo. Una noche él y yo salimos a cenar y mientras caminábamos por el centro, bajó un poco la temperatura y dije: "Ugh, tengo frío". Él solo asintió y me pareció increíble que no se quitara la chamarra para cubrirme. Recuerdo que en ese momento sonaba "Rosas" de La Oreja de Van Gogh y decidí inmediatamente que esa sería nuestra canción.

Conforme la relación avanzó, empezó a surgir el deseo y la oportunidad de tener sexo por primera vez, pero me negué. La etiqueta decía que tenía que ser mayor de edad para eso (al menos fue lo que yo aprendí). Afortunadamente, mi cumpleaños número 18 estaba muy cerca, así que fui con mis amigas más experimentadas y les pedí tips para mi primera vez. Decidí que sería en un viaje que teníamos planeado por su trabajo. Esa noche preparé velas, chocolates y comencé a dejarme llevar, con todo el miedo y la incertidumbre de cómo se sentía realmente. Al terminar, se levantó y me dijo: "Se rompió el condón". Me invadió un terror inmediato, ya que justamente hacía pocos meses que a uno de mis amigos le habían detectado VIH. En ese tiempo no teníamos tanta información como ahora, ¡y olvídate de saber que una persona indetectable no transmite el virus! Por fortuna, yo tenía algo que me hacía estar seguro de que me cuidaría: lo hicimos con y por amor.

Durante el primer año, empecé a hacer mi *checklist* de gestos, palabras y eventos que afianzarían este amor. Lo llevé a un lugar con música en vivo y cuando me dijo que siempre había querido bailar así con alguien, me levanté y le ofrecí mi mano. Como respuesta, me dijo que estaba siendo absurdo porque claramente no podíamos hacerlo. Después, para su cumpleaños le hice un dibujo a mano en un pliego de papel cartón, reservé un cuarto en un hotel que en ese tiempo me parecía muy elegante, practiqué una canción en mi violín y compré pétalos de rosas para hacer un camino de la puerta a la cama, donde estaría la frase "Te amo". Él entró al cuarto, dijo un "qué bonito" muy tenue y procedió a besarme para después tener sexo.

Poco a poco, mi historia de amor se fue manifestando en gestos tan simples como que me ignoraba cuando yo estaba enfermo, dejaba de hablarme si se enojaba y me decía que era "normal" que hubiera algo de sangre cuando hay sexo anal (yo no conocía, ni entendía bien para qué era el lubricante). Un día me di cuenta de que rompió nuestro acuerdo de exclusividad sexual con un amigo suyo por un correo que recibió donde su amigo prácticamente narraba el encuentro y le decía cuánto lo amaba. Mi novio borró el correo y luego me dijo que yo estaba loco porque nunca existió.

Quiero detenerme en este punto de la historia para preguntarte: ¿qué te va sucediendo mientras la lees?

Es posible que pienses que hasta aquí mi historia es incongruente con cómo la inicié. Tal vez estás moviendo tu cabeza de lado a lado pensando *Ay, Jaime, ¿cómo puede ser que hayas seguido ahí?* Hasta creo que podrías considerar que realmente es una historia de amor donde hay obstáculos que deben superarse para poder llegar al final feliz.

Sin embargo, quiero invitarte a ver la historia una vez más y que revises qué tanto te he hablado de él. Realmente esa historia está enfocada en mis expectativas, mis acciones, mis sentimientos y mi sorpresa cuando él no respondía *como debería*. **Durante toda esa historia yo no estaba relacionándome con él, sino con el que yo pensaba que sería según mis fantasías y creencias.** Finalmente, por eso me quedé ahí dos años y medio. No importaba realmente cómo él me demostraba amor o cómo respondía a mis necesidades, lo importante era que yo siguiera intentando vivir la historia de amor que *me merecía.*

Por eso comencé diciéndote que encontré MI amor de verdad. En ese tiempo, ese amor se adaptaba perfectamente a mi verdad, a mis expectativas, deseos y esperanzas. Incluso los desaires y el rechazo estaban incluidos en la historia porque yo sabía que, eventualmente, eso me llevaría a la reconciliación y a vivir felices para siempre.

Afortunadamente, mi realidad y mi verdad cambiaron.

¿Y si no es amor de verdad?

En la época en la que estoy escribiendo este libro, el "amor romántico" es parte de una larga lista de conceptos abstractos popularizados por las redes sociales al punto que nos lleva a creer que todos entendemos a qué se refiere (porque ahora todos son narcisistas y todo mundo es experto en apego).

Una de las ideas más populares es pensar que cada uno de nosotros tiene un alma gemela. Esto probablemente viene de una historia contada por Aristófanes (en el libro *El banquete*, de Platón). La historia dice que los seres humanos originalmente teníamos dos de cada miembro y partes de nuestro cuerpo, pero cuando los dioses empezaron a temernos decidieron dividirnos. Por eso siempre estamos buscando "nuestra otra mitad" (como se cuenta en la canción "The Origin of Love" de la película *Hedwig and the Angry Inch*). Por supuesto, esa es solo una de las ideas del "amor ideal" que vemos desde películas de Disney hasta videos de 45 segundos en redes sociales.

En el libro *El ciclo del amor marica*, Gabriel J. Martín define el amor romántico como una serie de falsas creencias que hemos elaborado para explicar el sentimiento al que llamamos *amor*, desde cómo surge y cómo se ve, hasta dónde termina. Estas creencias incluyen encontrar a "mi media naranja", pensar que necesitamos una pareja con exclusividad sexual y romántica, donde los celos demuestran amor, y, una de mis favoritas: confiar en que "el amor todo lo puede". Ahora, aunque él enlista 10 mitos, yo considero que se han ido agregando varios más. Con movimientos como la anarquía relacional y el poliamor radical, se ha intentado alejarnos de esas ideas, asumiendo entonces que el amor debe ser libre y sin ningún tipo de restricciones, los celos son malos y demuestran falta de deconstrucción, y que "los seres humanos no somos monógamos".

Hemos pasado al otro extremo. La narrativa que se presenta ahora es "no debemos dar flores, ni chocolates", "ser monógamo es someterse y renunciar a tu libertad" y "si quieres replicar cualquier cosa de alguna película, estás cayendo en las oscuras y sutiles garras del amor romántico". Sin embargo, el amor romántico no solo es el que vemos en las películas de princesas que son rescatadas por un extraño. Pensarlo así es justamente lo que nos puede llevar a dar un giro de 360°, o sea, quedar en el mismo lugar.

Hay un mito del amor romántico que engloba todos los demás: hay una forma de amar que le debe quedar a todo el mundo.

Gotitas de poliamor

Conforme leas este libro, te encontrarás con secciones como esta. Mucho de lo que aprendí de relaciones éticas viene de lo que viví y leí para el poliamor. Por eso estas son gotitas de poliamor para los dolores de la monogamia.

¿Qué has escuchado del amor romántico?

Cuando piensas en una historia de amor romántica, ¿qué eventos te vienen a la mente? ¿Qué hacen las personas involucradas?

¿Hay algunas creencias del amor romántico que consideras que tienen sentido para ti? ¿Cómo son?

¿Te has sentido juzgado por querer que tu pareja tenga más gestos “románticos” como darte un detalle, planear una cita o hablarte de cierta manera?

La respuesta no es negar el amor romántico

Leyendo esa primera historia a través de los lentes del amor romántico, claramente yo soy el bueno y el villano es él. ¿Cómo es que no agradecía y correspondía un amor tan bonito? A fin de cuentas, él se lo pierde y algún día se arrepentiría de haberme dejado ir. Este fue un patrón que fui repitiendo en mis siguientes relaciones, preguntándome por qué *todos los hombres eran iguales*. Yo estaba haciendo todo lo que debería hacer, pero ellos no estaban jugando su papel como les tocaba.

Eventualmente conocí a Marco en el 2014. Cuando empezamos a salir, él me comentó que se identificaba como persona poliamorosa, a lo que yo contesté: "Entonces no soy la persona para ti, porque yo no le hago a eso". Desde que se dejó de considerar la homosexualidad como una enfermedad mental, el amor ya no era exclusivamente heterosexual, pero en definitiva sí era monógamo. Al escuchar esto, Marco decidió que tendría una relación exclusiva conmigo (con el potencial de abrirse, pero solo sexualmente porque el amor nada más es entre dos).

A pesar de saber que "estaba mal", hicimos todo lo que las personas "deconstruidas" critican como disfuncional y codependiente. Un mes después de empezar a ser novios, se mudó a mi departamento. Nos dábamos flores, nos llevábamos a cenar y, sobre todo, pasábamos cada minuto posible juntos. Viéndolo en retrospectiva, yo estaba viviendo mi historia de princesa que encontró al príncipe de ojos verdes. Nuestros mundos estaban tan integrados que durante un año estuvimos trabajando juntos y pasábamos así el 100% del tiempo. Literalmente, 24 horas los siete días de la semana.

¿Qué más estereotípico que una pareja que se deja llevar por el enamoramiento para vivir juntos sin conocerse realmente y fusionando sus mundos al punto de compartirlo todo? Contrario a las predicciones y expectativas, esa relación ha sido un lugar seguro donde ambos hemos ido creciendo, explorando nuestra sexualidad, así como nuestras necesidades y formas de relacionarnos. Por fortuna, somos increíblemente compatibles, por lo que todo eso fue muy sencillo.

Seis años después, conocimos a una persona con la que tendríamos un romance bastante caótico. Aun cuando siempre fue un interés mío en la universidad, en ese momento fue que empecé a explorar y estudiar la no monogamia formalmente.

> **No monogamia: Término general para hablar de cualquier modelo relacional que no esté basado en exclusividad romántica y sexual entre dos personas.**

Solo que para este tipo de relaciones no tenía un manual, así que lo primero que hice fue buscar libros, podcasts y grupos en redes sociales con el objetivo de encontrar personas que tuvieran experiencia y, obviamente, mucho más conocimiento que yo. Entonces llegué a un grupo de Facebook que se definía como una comunidad de personas poliamorosas.

Con emoción, miedo, algo de desesperación y esperanza, publiqué mi primera petición de ayuda. “Estoy empezando y no sé qué hacer. Siento celos y quiero poder trabajarlos, pero no sé cómo”. A fin de cuentas, yo venía de una relación compasiva y empática y esperaba encontrar algo similar en esta comunidad de personas que ya habían aprendido a dejar atrás todas esas ideas del amor mononormativo.

> **Mononorma: Serie de reglas, convenciones, expectativas y costumbres propias de las relaciones monógamas, asumiendo que es la única forma real de concebir una relación romántica.**

La respuesta que recibí no solo fue sorpresiva, sino violenta y humillante. Personas criticándome por mi “falta de deconstrucción”, acusándome de perpetuar un sistema capitalista y patriarcal que solo seguía oprimiendo a las personas que amaban libremente.

De inmediato surgió en mi mente el historial de relaciones que no habían funcionado como yo hubiera querido. ¡Estaba claro que yo era el culpable por sentir lo que sentía y querer lo que quería! Era tiempo de hacer a un lado esas ideas y aprender de estas personas cómo *debería* amar. Toda esta gente afirmaba su oposición al amor romántico y la necesidad de luchar contra un sistema que dicta cómo debemos relacionarnos, coartando nuestra libertad.

¿Ya te diste cuenta de lo irónico que es eso? Este grupo que tanto criticaba el amor monógamo estaba cayendo en exactamente el mismo paradigma. Utilizaron agresión e infligieron vergüenza para convencerme de que la forma en la que yo amo está mal y debo hacerlo como ellos. Para mí, ese es el problema del amor romántico. Se vuelve un término tan polarizado y radical, que de pronto solo se niega por negarlo, sin cuestionarlo, cayendo nuevamente en una serie de reglas generalizadas que se adoptan como norma incuestionable.

Gotitas de poliamor

Cuando piensas en tus relaciones anteriores, ¿qué tanto consideras lo que la otra persona posiblemente sentía o necesitaba?

¿Te has sentido juzgado, criticado o rechazado por el modelo relacional que practicas? ¿Por quién?

¿Cómo es el guion que tienes acerca de cómo deberían actuar las personas involucradas en una relación romántica?

(No) te falta deconstrucción

Esto me lleva a un concepto que he terminado odiando un poquito. Muy frecuentemente, si veo un comentario con esta palabra, o lo paso de largo o lo leo con mucho cuidado: la deconstrucción (léase con truenos y relámpagos en el fondo).

Cuando me encuentro con autores que hablan de no monogamia, sobre todo aludiendo a la década de los noventa, veo una tendencia a alejarse lo más rápido y absolutamente posible de la "dependencia al otro". Lo pienso como la etapa de la adolescencia donde el objetivo es diferenciarme de mis progenitores. Esa rebeldía es necesaria para que el adolescente continúe con su desarrollo y salga del nido. Por supuesto, no siempre es "Oh, estimado padre, es tiempo de que encuentre mi propio camino, pero agradezco lo que has hecho por mí". Más comúnmente es llevarles la contraria solo para demostrarles mi individualidad. Si a mis padres les gusta el blanco, yo me visto de negro. Si quieren que salga, quiero quedarme en casa (como el Rum Tum Tugger, una pequeña referencia para amantes de los musicales).

Algo muy similar veo en el cuestionamiento del amor romántico. Si los cuentos de hadas dicen que el amor es tener una pareja con quien compartirlo todo, dándole detalles materiales y abstractos para demostrar mi amor, entonces ahora queremos ser ultraindependientes. ¿Disney dice que debes tener exclusividad con tu pareja? Ah, pues ahora si tienes una sola pareja, te están controlando y coartando tu libertad (o tú a ella). Paradójicamente esto perpetúa la misma ideología: todos tenemos que amar igual y todo lo que sea diferente debe ser negado y desechado. **Y esto viene de confundir deconstrucción con destrucción.**

Se asume que para poder dejar atrás el amor romántico es necesario destruir esas creencias y agarrar unas nuevas, como si fuera un rompecabezas que decides tirar al piso al darte cuenta de que una de las piezas no encaja. Pero ¿y si lo que no te gustó solo eran unas cuantas piezas? Estás también abandonando otras de las que no necesitabas deshacerte.

Yo veo la deconstrucción más como tomar una torre de Jenga que representa mis creencias de un tema e ir pieza por pieza, determinando cuáles aún encajan y cuáles no son mías. En otras palabras: cuestionar eso que me dijeron que *debe ser* a través de los lentes de mis valores fundamentales, atendiendo mis necesidades y mis afectos. Si las quito sin cuidado, la torre se viene abajo, necesito ser intencional y cuidadoso.

> **Deconstrucción: Proceso en el que cuestiono mis creencias y las analizo para identificar cuáles me son funcionales hoy y cuáles necesito modificar o desechar.**

No es negar la monogamia solo porque me dijeron que está mal. Tampoco es satanizar el poliamor porque lo que veo en los medios para mí no es más que degenere. Es detenerme a preguntarme qué de esto tiene sentido para mí y qué no. Como dice alguien en el internet: *¿tú qué quieres?*

Y esto no se limita a relaciones románticas, sino a cualquier sistema de creencias que me inculcaron o que yo acepté. Personalmente, deconstruir mis relaciones familiares me ayudó a conectar con aquellos con quienes sí soy compatible y a terminar relaciones con dinámicas tóxicas. No fue negar a toda mi familia y huir, sino detenerme a revisar mis vínculos e intencionalmente decidir cuáles eran mejores para mí.

Aquí probablemente te preguntarás: "¡Jaime! Pero ¿qué pasa con esas personas? ¡Seguro se sentirán mal de que te vayas!". Y esto nos lleva a otro concepto popularizado de forma tan vaga que puede significar cualquier cosa que te convenga: la responsabilidad afectiva.

Gotitas de poliamor

¿Qué cosas de la monogamia consideras que son funcionales para ti? ¿Qué cosas no?

¿Conoces a alguna persona que practique un modelo relacional diferente al tuyo? ¿Hay algo de lo que hacen que consideras que podría ayudarte a mejorar en tu relación actual o futura?

¿En qué aspectos de tu vida has practicado la deconstrucción? ¿Qué resultado obtuviste?

La responsabilidad afectiva es una herramienta, no un arma

Una queja constante que escucho en consulta y en redes es acerca de aquellas personas que no se comprometen. Personas que quieren estar, pero no están; que te tratan como novios, pero dicen que no lo son. Es un estire y afloje muy desgastante donde una de las personas (generalmente la que se está quejando) va desde el enojo de no sentirse atendida, hasta la desesperanza de no sentirse suficiente. Popularmente a este tipo de relaciones se les denomina "casi algos".

> **Casi algo: Es una relación donde hay interacciones tradicionalmente románticas, en la que una de las personas quiere un compromiso diferente y la otra no lo da, pero tampoco se va.**

Yo coincido plenamente en que es una situación de desconsideración e irresponsabilidad, solo que no es de la persona que "no se decide", sino de quien se está quejando. El argumento es que, si el "casi algo" realmente no quiere una relación de novios, debería tener "responsabilidad afectiva", ser honesto e irse para que la otra persona no se quede esperando y sufriendo porque quién sabe si algún día cambiará.

Déjame elaborarlo a través de un ejemplo mío. Hace ya más de una década conocí a quien sería una de las personas más importantes en mi crecimiento y trabajo personal, y básicamente cambiaría mi vida para siempre. Nos conocimos a través de una página de ligue (en ese tiempo no había *apps*) y la idea era encontrarnos para un acostón de una sola vez. Quedamos de vernos en un café, platicamos, nos gustamos y nos fuimos a un espacio que tenía él. Él era un hombre alto, corpulento, de pelo largo y mucha, mucha personalidad. Llegamos a su lugar, tuvimos sexo y cuando terminamos, él se sentó desnudo y me preguntó cómo estaba. Tristemente, nunca había recibido esa atención tan compasiva y considerada por parte de mis parejas, mucho menos de un extraño. Aunque mi memoria está un poco borrosa, estoy casi seguro de que estuvimos abrazados o al menos platicando un tiempo. Yo quedé maravillado con este hombre maduro y fuerte como un roble, que además era amoroso y empático. Por supuesto que quería verlo de nuevo. Para citar una serie popular, yo pensé *¿Será acaso este mi ser amado?*

Poco tiempo después nos encontramos en un antro. Él estaba bailando con un ligue y yo iba con un amigo. Al poco rato decidimos ir a su departamento a repetir la experiencia. Para este momento, yo, siendo joven e ingenuo, empecé a sentir que tal vez eso significaba que estábamos en camino a tener una relación de novios. Se lo hice saber y él me dijo que, aunque yo le gustaba mucho y teníamos una química maravillosa, la diferencia de edad era demasiado grande para considerar cualquier tipo de relación romántica conmigo.

Él fue muy claro. Yo fui muy necio.

Seguimos saliendo y acercándonos más. De pronto, ya me quedaba yo a dormir con él, íbamos a comer o al cine, teníamos sexo y compartíamos muchas experiencias lindas. En ese momento yo le dije que ya prácticamente éramos novios, solo faltaba decirnos así. A fin de cuentas, ya hacíamos todo lo que los novios hacen. Él seguía dudoso por la diferencia de edad, pero estaba disfrutando mucho nuestra relación. Así que me ofreció una alternativa: ser "casi novios". O sea, seguir haciendo lo que hacíamos, pero sin la etiqueta de ser novios, sin fecha de caducidad. Eso podía terminar en ya no vernos más o en escalar el estatus de la relación. Yo no quería eso, pero me quedé e insistí durante meses, conformándome con lo que me daba y esperando que cambiara.

Ahora te pregunto, estimado lector, ¿alguno de los dos estaba actuando sin "responsabilidad afectiva"?

La respuesta común es "él". Si sabe que yo quiero otra cosa y él no está dispuesto a dármela, está siendo desconsiderado al quedarse conmigo a pesar de que yo no estoy cómodo. Si ese es tu razonamiento, siento decirte que ambos estábamos actuando con responsabilidad afectiva.

La gente confunde la responsabilidad afectiva con "nunca hacerle daño emocional a nadie", pero, para empezar, eso es imposible. Esto lo ejemplifica bien Schopenhauer con el dilema de los erizos. La metáfora describe a un grupo de erizos que necesitan mantenerse calientitos en el invierno, pero si se acercan mucho terminan heridos por las espinas. De la misma forma, tener relaciones íntimas y acercarnos nos deja vulnerables e inevitablemente nos expone a ser dañados, obteniendo calor y conexión a cambio. El tema común en mi historia y en las miles de personas que sufren su "casi algo" sí tiene que ver con la responsabilidad afectiva, solo que no de la forma como la conciben.

El problema no es que el "casi algo" no tenga esa responsabilidad, sino que ambas personas están intentando acercarse sin hacerse daño, pero echándole la culpa a las espinas del otro.

> **Responsabilidad afectiva: Saber que yo soy responsable de mis emociones (afectos), de reconocerlas, validarlas y atenderlas, mientras estoy consciente de cómo mis acciones te afectan a ti.**

Déjame explicarlo con una analogía. Imagina que vas caminando junto a mí y yo al dar la vuelta te piso y lastimo tu dedo. Por un lado, tenemos tu afecto, en este caso tu dolor. La persona responsable de atenderlo eres tú porque tú lo estás sufriendo. Aquí puedes sobarte, tomar un analgésico o hasta poner un límite como "No caminaré junto a ti otra vez". Por otro lado, yo soy responsable de la acción que causó tu dolor. Lo que yo puedo hacer es ofrecer reparación, desde pedir disculpas, hasta poner un límite como "No voy a caminar a tu lado".

En la historia que te cuento, yo soy responsable de mi incomodidad. Yo decido esperar quedándome en esa situación, sabiendo que me arriesgo a permanecer en la duda. Además, al insistir, estoy afectando la decisión del otro, presionándolo e ignorando el mensaje claro que me ha dado. "No sé" es una respuesta clara: te estoy ofreciendo incertidumbre. Siguiendo el ejemplo del dedo lastimado, si elijo quedarme, puedo determinar cómo voy a esperar. ¿Quiero soportar el dolor esperando que acabe pronto? ¿Prefiero limitar cuánto contacto y tiempo voy a darte? Es más, hasta puedo ponerme una fecha límite para decidir irme si nada cambia.

Dicho de otra manera, el otro es responsable de cómo la decisión de estar conmigo puede ser una amenaza para su seguridad. Nuestra interacción estará presionándolo, llevándolo a reconsiderar constantemente si es la mejor decisión. Sabe que al no irse está afectando directamente cómo me siento y contribuyendo a mi malestar. Esto puede generar culpa y hasta resentimiento.

Como es de esperarse, cuando lo menciono así recibo respuestas que puedo resumir en una oración: "Jaime, estás justificando la violencia y diciendo que las víctimas se merecen lo que sufren". No. Una víctima NUNCA es responsable del daño que recibe y NUNCA va a merecerse el abuso que vive. En estos casos, se trata precisamente de una dinámica disfuncional que surge cuando se utiliza la responsabilidad afectiva como un arma. Por ejemplo, cuando alguien dice: "Yo no soy responsable de tu tristeza, así que ve a terapia porque es problema tuyo", "Si esto te molesta, yo no soy responsable, tú decides quedarte" y, en casos más extremos, "No entiendo por qué lloras, no te debería doler que te hable así".

Antes de atender ese malentendido necesito detenerme a hacer una aclaración muy importante en la diferencia entre culpa y responsabilidad. La culpa es un sentimiento asociado con la vergüenza. Básicamente es darme cuenta de que eso que hice no está alineado con mis valores fundamentales o mi identidad. Digamos, por ejemplo, que yo me considero una persona que siempre llega a tiempo y es algo que me enorgullece. Si sucede que olvidé una cita contigo, sé que te habré decepcionado, afectando nuestro vínculo y cómo me percibes porque ahora creerás que soy una persona impuntual. Ahora, si yo digo: "Ay, pues no aguantas nada", existe la posibilidad de que te enojes y te vayas.

Ese no tendría que ser un gran problema, siendo que hay mucha gente y puedo tener más amigos, ¿cierto? Nuestro cerebro no lo percibe así. Para nuestros antepasados era esencial pertenecer a un grupo para asegurar su supervivencia. El rechazo o aislamiento significaba una alta probabilidad de quedar a la merced de depredadores o de no encontrar sustento suficiente, como veremos más adelante. Por lo tanto, como dice Brian D. Mahan en su libro *I Cried All the Way to Happy Hour*, el rechazo y el abandono se procesan igual que el miedo a la muerte. La forma funcional de la vergüenza y la culpa es cuidar mi pertenencia al grupo. Entonces si mi comportamiento rompe la confianza que puede tener mi grupo hacia mí, la culpa funcional me lleva a buscar reparación de ese vínculo. En el ejemplo de la cita, mi culpa puede motivarme a disculparme o proponer un cambio en el futuro.

En otras palabras, nuestro sistema nervioso simpático (el que está a cargo de la presión arterial, frecuencia respiratoria y de que los vasos sanguíneos se estrechen) tiene la función de cuidarme de cualquier amenaza que perciba. Como dato curioso, esa parte de mi cerebro no considera la diferencia entre una amenaza externa o imaginada. Por eso es que al ver películas de terror o subirnos a juegos mecánicos podemos activarlo, aunque estemos perfectamente a salvo. Mi sistema nervioso simpático va a cuidarme primero y hacer preguntas después.

Antes de que puedas siquiera razonar, si percibes algo que puede poner en peligro tu integridad, tu cerebro entrará en modo de supervivencia. Tu respiración se volverá superficial, tus pupilas se dilatarán, tu corazón se acelerará y tu cuerpo se tensará. Esto se resuelve muy sencillamente cuando compruebas que esa sombra en el cuarto solo era un abrigo colgado, o cuando termina la montaña rusa y tienes los pies nuevamente en el piso. Las sensaciones pueden quedarse, pero tu cerebro empieza a regular a tu cuerpo al saber que no hay razón para estar alerta.

Pero ¿qué pasa cuando la amenaza no es tan evidente y no puedes descartarla de inmediato? Considerando que los seres humanos dependemos casi por completo de otros para sobrevivir durante cerca del 25% de nuestra vida, como ya hemos visto, pertenecer a un grupo es algo prioritario. Imaginemos que hace miles de años una tribu de nuestros antepasados prehistóricos estaba buscando comida y se encontraba con un animal grande y sabroso, pero agresivo. Si un solo miembro del grupo se enfrentaba a él, es altamente probable que no sobreviviera después de un par de zarpazos. Necesitaba de los demás. Así, aquellos cerebros que se enfocaron en generar un vínculo con los demás podían sobrevivir y tener descendencia, mientras que quienes "no necesitan a nadie" seguramente morían.

Así que ese miedo y dolor que sientes cuando hay un rechazo o alguien se aleja no es un drama ni una exageración, tampoco falta de deconstrucción, es tu cerebro intentando cuidarte de algo que ha aprendido es la peor amenaza que puede enfrentar. Al ser una herramienta de supervivencia, se vuelve conveniente solo cuando me lleva a cuidar mi pertenencia al grupo, pero es un problema si termino aislándome.

Este sentimiento es funcional cuando me empuja a actuar. Sin embargo, si esa culpa me lleva a alejarme, criticarme, juzgarme y soltar el vínculo desde un lugar de enojo o insuficiencia, está actuando en contra de su objetivo principal. Cuando me orilla a descuidar el vínculo o romperlo se vuelve disfuncional.

Ahora, la responsabilidad es cómo respondo yo a una situación en particular, sobre todo cuando estoy involucrado directamente. También está ligada a mis valores fundamentales, pero hay una gran diferencia: en este caso, mi responsabilidad es el poder que tengo para actuar.

La responsabilidad es un buen antídoto para la culpa y la vergüenza porque me motiva a actuar. Pero no siempre puedo hacerlo. Repito: la responsabilidad requiere poder de actuar. Esto se conoce como "tener agencia". Hay escenarios y contextos donde no puedo actuar y, por lo tanto, no tengo responsabilidad. Ese es el caso de las víctimas.

> **Víctima: Aquella persona que ha sido despojada de su poder de actuar (agencia) por medio de abuso, manipulación o violencia.**

La responsabilidad afectiva solo puede ser un factor cuando hablamos de relaciones donde hay un balance de poder y ninguna de las partes está siendo oprimida a partir del uso de poder.

Ya aclarado eso: si no estás en una situación de abuso, sí tienes responsabilidad porque tienes poder.

Otra forma de utilizar la responsabilidad afectiva como un arma es darle toda la responsabilidad y todo el poder de mi cuidado a la otra persona, solo que en ese caso es un arma que otros usan contra nosotros. Cuando yo digo algo como "Es que mi casi algo no se decide, por más que espero y espero", estoy renunciando a mi capacidad de acción desde un lugar victimizante. En ese caso, juzgo a la otra persona de no hacer un cambio para acomodarse a lo que yo quiero, ignorando el hecho de que yo también puedo retirarme.

Por supuesto, esto es muy fácil de describir, pero en la realidad no solo es cuestión de decidir irme *y ya*. Muchas veces esta consciencia llega cuando ya estoy involucrado en una dinámica disfuncional.

Para terminar este capítulo quiero abordar una frase muy famosa que aborrezco: "Si no puedes amarte a ti mismo, ¿cómo vas a amar a alguien más?". ¡NO, estimado lector, NO es para decir "amén"! Te explico por qué.

Empecemos con el hecho de que el mensaje es "Si no te amas, no debes buscar amor". La conclusión lógica es que si estoy solo, no puedo conectar con alguien o simplemente no tengo una relación donde viva amor, es mi culpa. Por lo tanto, me merezco estar solo. Además, perpetúa la absurda idea de que tengo que ser perfecto para empezar una relación. Por supuesto, esto desde la exacerbada importancia que le damos al concepto de *autoestima*. No está mal buscar formas de querernos a nosotros mismos, lo disfuncional es utilizarlo como un requisito para merecer un trato humano y digno. Trabaja en tu autoestima porque quieres, no porque la falta de ella te ayuda a justificar el mal trato que recibes.

Desde mi adolescencia he lidiado con dismorfia corporal. En mi caso se ha presentado con cómo percibo el volumen de mi cuerpo. Siempre he sido una persona delgada, pero en el espejo yo me veo esquelético. Aun cuando empecé a hacer ejercicio y dieta para subir masa muscular, me es difícil verme como realmente soy. Durante gran parte de mi vida esto significó usar ropa que realmente no me quedaba, evitar lugares donde tuviera que mostrar mi cuerpo y sentir incomodidad e inseguridad en mi vida sexual.

Pero esto no solo sucede en mi cabeza. En nuestra sociedad, es común que haya un juicio con la idea de que hay UN tipo de cuerpo que todos debemos tener si queremos ser aceptados. Por lo tanto, hay recordatorios constantes de que mi cuerpo es inadecuado. Sin ninguna intención maligna, mucha gente me decía: "Estás bien flaco, deberías comer más", "Si hicieras ejercicio, te verías muy bien" o "Qué suerte tienes de estar así de flaco". Si yo me quedara con el mensaje de esa frase tendría que, primero, aprender a amar mi cuerpo antes de poder amar a otra persona (y a su cuerpo). Sin embargo, hice algo diferente.

Cuando empecé a salir con Paul, me contó que se sentía muy inseguro de su cuerpo. Él es un hombre corpulento y, por supuesto, la gordofobia tan normalizada en nuestro país le mandaba mensajes constantes de que su cuerpo era inaceptable. Me costaba trabajo entenderlo porque para mí era alguien absurdamente sexy, pero podía empatizar con la sensación de que mi cuerpo no es suficiente o que será juzgado. En lugar de invalidar su miedo o su inseguridad, simplemente le demostré cuánto me gustaba. Me dediqué a dejarle saber cuando me gustaba algo que traía puesto, qué partes de su cuerpo me parecían hermosas, mencionar los gestos que hacían que su cara brillara. En pocas palabras, no necesitaba amar mi cuerpo para apreciar el suyo, amarlo y validarlo. Eso le ayudó a él a encontrar momentos en los que realmente se sentía atractivo y cómodo.

Por otro lado, una de mis primeras relaciones fue con alguien muy alto que tenía un cuerpo grande y corpulento. Él amaba su cuerpo y se sentía orgulloso de quien era. Me maravilló el nivel de aceptación y amor que se demostraba a sí mismo y lo feliz que se veía. Yo no podía imaginar sentirme así algún día. Cuando hablé con él acerca de mis inseguridades y el rechazo hacia mi cuerpo, no me dijo que tenía que aceptarlo ni que tenía que sentirme diferente. Él me dijo que amaba mi cuerpo y me lo demostró durante años.

Otro momento esencial de mi vida con este tema fue con Ricardo. Él es un hombre muy atractivo y siempre amé cómo se veía en fotos. Un día me tomó una. Al verla, sentí un gran rechazo hacia el cuerpo que vi. Ricardo, con mucho cariño y paciencia, me pidió que buscara algo que me gustara, por más pequeño que fuera. Le hice caso y encontré que me gustaba cómo se veía una parte de mi cuello. Me propuso tomarme otra foto intentando resaltar esa parte de mí. Este proceso siguió por un rato hasta que, de pronto, tomó una foto en la que no odié mi cuerpo.

En ambas situaciones, ellos amaban una parte de mí que yo no podía amar. Es más, yo aprendí a amar mi cuerpo gracias a que ellos me mostraron cómo lo hacían. No tuve que hacerlo solo porque pude tomar la mano de alguien que me amaba para caminar a ese lugar al que me había costado tanto llegar. Si pensara que tengo que amar mi cuerpo antes de amar el de alguien más, o siquiera considerar entregar admiración, afecto y validación, me hubiera quedado solo mucho tiempo, perdiendo la oportunidad de crecer de la mano de alguien que me amaba. Y esto no se limita a relaciones románticas, incluye amistades y familia. La frase revictimiza a alguien que ya está sufriendo. Me lleva a pensar *Claro, nadie me quiere porque no me quiero, entonces es mi culpa* o, peor aún, *Permito que me maltraten porque yo también me trato mal.*

Quiero dejar algo bien claro. Si no te amas, sigues siendo capaz de amar a otras personas. Si no te amas, sigues siendo digno de recibir amor. Y nunca, nunca, NUNCA vas a merecer que alguien te haga daño.

> **Dismorfia corporal: Trastorno donde la persona se fija obsesivamente en algún defecto, real o imaginario, de su apariencia.**

Gotitas de poliamor

¿Cambió tu concepto de *responsabilidad afectiva*?
¿Cómo?

¿Has tenido “casi algos”?
¿Qué podrías hacer diferente la próxima vez?

¿Cómo vives tú la diferencia
entre *culpa* y *responsabilidad*?

¿Qué otras frases populares conoces
que revictimizan a quien ya está sufriendo?

2

Mis pilares de las relaciones éticas

No hay personas tóxicas, solo incompatibles

Para hablar de este tema, te cuento que en algún momento caí en el famoso “Mi ex era supertóxico, qué bueno que lo dejé”.

Yo me describo como una plantita de sol en una relación. Necesito luz y atención porque si no, me marchito. Particularmente, una de las formas en las que lo recibo es a través de palabras de afirmación. Por ejemplo, cuando me dicen que me aman, algo que les guste de mí, cosas que disfrutan de nuestra relación o que me digan “mi amor” en vez de “oye” (o tener *stickers* solo para nosotros en *apps* como WhatsApp).

Hace algunos años tuve una relación con Simón, quien definitivamente no lo hacía. La única vez que me dijo “te amo” fue una mañana que estaba medio despierto, medio dormido y lo dijo entre sueños (luego admitió que sí estaba despierto, pero ese es otro tema). No le gustaban el contacto físico, las demostraciones de afecto en público, las palabras de afirmación ni los detalles románticos.

De nuevo me subí en mi escalón de superioridad moral diciendo que seguramente él tenía muchos problemas y necesitaba ir a terapia para aprender a recibir amor. Claramente no había otra posibilidad. ¿Me fui? No. Me quedé viviendo la eterna cruzada de demostrarle que podía enseñarle a sentir amor a través de mi enorme capacidad de expresarlo y vivirlo.

Inevitablemente, mis esfuerzos fueron en vano y decidí terminar esa relación.

Al contarles a mis amigos acerca de esta persona, el consenso inmediato fue que él era un hombre muy tóxico. Por ende, yo *merecía a alguien mejor que pudiera valorar lo que tiene*. Todo esto asume que él estaba "mal" y yo estaba "bien".

Ahora, veamos el lado contrario. Él expresaba su amor dando espacio y libertad a la otra persona. Estaba presente y al pendiente de mis necesidades, siendo un lugar seguro en el que yo podía apoyarme cuando lo necesitara. Era claro e intentaba darme lo que yo quería, aun cuando no estaba tan alineado con su forma de amar. Él andaba con una persona (yo) que necesitaba más contacto y afecto verbal del que estaba dispuesto a ofrecer. Por supuesto, en esta historia yo soy demandante y asfixiante.

¿Quién era más tóxico? ¿Él por seco o yo por encimoso?

Creo que a través de los años vamos cambiando la etiqueta que usamos para hablar de relaciones que no nos gustan o nos hacen daño. Hasta hace unos años, el término más común era hablar de personas codependientes. En los noventa se hablaba en términos de ser hiperindividualista, por lo que aquellas personas que necesitaban esa cercanía evidentemente estaban "mal", ¿no?

Como dato interesante, la palabra "codependiente", en su origen, ni siquiera se refería a cómo la usa la gente hoy en día. Popularmente se utiliza para describir a alguien que necesita a otra persona y no puede regularse por sí misma. Sin embargo, el término "codependiente" viene de los grupos de autoayuda (Alcohólicos Anónimos) donde se usa para referirse al cónyuge de una persona alcohólica. La persona luchando con la adicción depende de la sustancia para estar "bien", mientras que la persona codependiente depende del bienestar de la persona con adicción.

Entonces hace hasta lo imposible para rescatarle de las consecuencias de sus actos.

Ahora que el término va poco a poco en desuso, se ha sustituido por el de personas "tóxicas". En este caso, son personas que son dañinas al relacionarte con ellas. Son desconsideradas, malvadas, violentas y un veneno para el corazón.

Algunas características de una persona "tóxica" son:

- No dicen lo que sienten o se la pasan quejándose.
- No piden lo que necesitan o solo piden, piden y piden.
- Quieren que la otra persona les adivine lo que quieren o demandan atención todo el tiempo.

Te pregunto, estimado lector, ¿alguna vez te han dicho que tienes uno o más de esos puntos? ¿Alguna de tus parejas ha tenido esos u otros?

Tanto "codependiente" como "tóxico" están enfocados en describir solo *una* de las partes de la relación. Y si miras esa lista a detalle, puedes ver que el problema no es querer atención o no, expresarla o no, sino quedarte en el extremo. Entonces el problema no es lo que necesito o lo que pido, sino mantenerme inflexible en un lugar incompatible, insistiendo en que la otra persona debe cambiar para mí.

Uno de los más grandes problemas que yo le veo a esto es que si efectivamente el "codependiente" o "tóxico" no eres tú, solo es cosa de que te separes de esa persona y busques a alguien "sano". Entonces ¿por qué parece que solo te encuentras con gente "tóxica", por más filtros que le pongas a tu proceso de elección de pareja? Si realmente existieran las personas tóxicas, sería muy sencillo encontrar una relación "sana" porque partiríamos de la idea de que el tóxico es el otro.

Una de mis características (supuestamente) tóxicas es mi necesidad de atención. Me gusta estar en contacto con mi pareja, recibir mensajes frecuentes (cada dos horas a lo mucho), saber de su día y contarle del mío. He salido con personas que me acusan de ser codependiente y tóxico porque "necesito demasiada atención". Siguiendo lo que aprendo socialmente, he concordado con ellos y empezado a buscar formas de reprimir mi necesidad, sufriendo en silencio. Un buen día, empecé a salir con una persona y le dije: "En una relación, a mí me gusta tener *este* tipo de comunicación, ¿cómo estás con eso?". Le dije que idealmente no quería que pasaran más de dos horas sin un mensaje de él. Pausa para que reacciones a esa historia. Puede que pienses *Jaime, ¡pero eso sí es tóxico! Es controlador y además es invasivo para la vida de tu pareja.*

Su respuesta fue "¡Súper sí! ¡Es el tipo de comunicación que me gusta y quiero!". Durante tres años que estuvimos juntos no pasaron más de dos horas sin mandarnos mensajes (excepto si estábamos en algo de trabajo o de fuerza mayor). Para él, mi deseo y mi necesidad no eran tóxicos, al contrario, eran exactamente lo que estaba buscando. Pensando en ese ex a quien no le gustaba mandar mensajes, seguramente habrá alguien que disfrute una comunicación menos frecuente y se sienta amado, entendido y acompañado de esa forma.

Entonces te pregunto de nuevo, ¿quién es el tóxico?

Mi respuesta es ninguno. Yo no creo en personas tóxicas, ya que todos tenemos necesidades diferentes a partir de quienes somos, de nuestra historia y de nuestro contexto. Lo que sí veo son dinámicas tóxicas, patrones y tendencias que van a lastimar a una o ambas personas en la relación. Además, hablar de personas tóxicas conlleva un juicio moral donde puedo asignarle toda la culpa (responsabilidad) a la otra persona, sin darme cuenta de que también soy yo quien le doy todo el poder.

> **Tóxico: Algo que hace daño constantemente y va desgastando aquello que invade.**

Otras veces sucede que no me voy de una relación que me hace daño porque mi pareja "no es mala". Después de hacer una evaluación de toxicidad a partir de un *quiz* en internet, resulta que no es un villano narcisista que quiere hacerme sufrir. Entonces me quedo y aguanto todo lo que puedo, invalidando mi dolor porque *no debería necesitar lo que necesito.* Sin embargo, mandar mensajes o pedir espacio no es tóxico por sí solo. Puede volverse un gran problema cuando surgen como incompatibilidades fundamentales.

Pensemos en un baile común de una persona con tendencia al apego ansioso y otra que tiende al apego evitativo. La primera necesita cercanía, reafirmación y atención para sentir seguridad en la relación, mientras que la segunda necesita espacio, consideración y libertad. Al ser diametralmente opuestas, las personas en esta situación se estarán detonando de manera constante. Entre más me acerco, más te alejas. Entre más te alejas, más te busco.

No hay necesidades tóxicas

Una de las lecciones que más me ayudaron a alejarme de juzgar mis necesidades como algo "tóxico" la aprendí de Jessica Fern en su libro *Polysecure.*

Cuando hablo de necesidades, muchas personas asumen que solo cuentan las físicas como respirar, comer, beber e ir al baño. El argumento es "Si no me dan abrazos, no me muero". Pero ¿realmente quiero que mi estándar de vida sea "aún no me he muerto"? Recuerda que la salud es un concepto integral y vivir es más que sobrevivir.

Jessica explica que nuestras necesidades de apego incluyen:

- Sintonía emocional (empatía).
- Respuesta cálida (comprensión).
- Contacto físico calmante.
- Validación, pertenencia y seguridad.

En otras palabras: querer ser parte de algo, buscar empatía y cercanía no son caprichos, son necesidades. No los trates como menos.

Ahora, eso no quiere decir que todo el mundo debe darnos lo que pedimos solo porque es una necesidad. Necesito amor, pero no necesito *tu* amor. Para recordar esto es muy útil entender la diferencia entre necesidad y deseo. La necesidad es algo no negociable que requiero para mi salud (física, emocional o psicológica). Yo lo pongo como el "qué necesito". Por otro lado, el deseo es la forma en la que me gustaría que esa necesidad fuera cubierta. Para mí es "cómo lo quiero".

Si me quedo pensando que el "cómo" es lo más importante, puede que empiece a generar dependencia emocional. Claro que necesito pertenencia, pero no necesito pertenecer a *este* grupo en particular. Si no soy aceptado ahí, puedo buscar un lugar más compatible.

Mi ejemplo es cuando conocí a Manuel en mi adolescencia. Él era un joven alto, muy guapo, dulce, empático y heterosexual. Yo era un adolescente que quería sentir cariño, cercanía y amor romántico, por lo que claramente no iba a obtenerlo de él. ¿Lo dejé pasar? Por supuesto que no. Yo lo quería a él, aunque luego me aburriera y llegara a odiarlo. Con decirte que hasta terminé siendo misionero para cierta religión por un corto tiempo.

Necesidad: contacto físico, pertenencia y afecto.
Deseo: que Manuel fuera mi novio.

Cuando el deseo fue rechazado, regresé a la necesidad y busqué alternativas. Tal vez podría obtener eso de él, pero de una forma más platónica. Si tampoco fuera posible porque yo estaba demasiado enamorado, él no era una buena opción. El error que cometí fue asumir entonces que mi necesidad era absurda y tóxica. Más bien se trataba de revisar de qué otra forma podía satisfacerla.

Si ya pediste lo que necesitas y lo recibiste exactamente como lo solicitaste, pero sigues sintiéndote insatisfecho, revisa lo que tienes antes de pedir más. Es posible que estés pidiendo algo que no necesitas.

> **Dependencia emocional: La creencia de que mi bienestar depende exclusivamente de UNA persona. No puedo atender mis necesidades de apego de ninguna otra forma y no puedo autorregularme.**

Hemos hablado de la dependencia emocional pero aquí te va un ejemplo. Mi metáfora es pensar en el hambre. Todos sentimos hambre, que nos avisa de una necesidad básica. Si yo solo como hamburguesas de un lugar específico y me rehúso a comer cualquier otra cosa, *dependo* de ese establecimiento. Por el contrario, si puedo comer otras cosas cuando esas hamburguesas no están disponibles, no genero dependencia.

> **Apego: Cómo aprendí a relacionarme en la infancia. Dependerá de mis primeros vínculos (generalmente padres o cuidadores), qué tan confiables y consistentes eran. Como acotación, el apego NO es dependencia. Todas las personas necesitamos apego porque necesitamos relacionarnos con otros. También recuerda que NO es una condena, solo una**

tendencia aprendida y, por lo tanto, puede cambiar.

Apego ansioso: Viene de haber aprendido que el amor es inconsistente y puede desaparecer en cualquier momento. Entonces mi estrategia es no soltar y estar al pendiente de cada detalle por miedo a que deje de estar.

Apego evitativo: El individuo aprendió que nadie va a atender sus necesidades, por lo que no tiene caso expresarlas, ni validarlas. Su estrategia es ser hiperindependiente y evitar la conexión vulnerable.

Gotitas de poliamor

Al leer este texto, ¿qué creencias acerca de la codependencia han cambiado para ti?

¿Te has considerado “tóxico” en algún momento? ¿Cómo?

¿Qué peticiones has reprimido porque te han dicho que son tóxicas?

¿Conoces tu tipo de apego?

¿Te has quedado en una relación solo porque no era lo “suficientemente mala”?

No tienen que ser 100% compatibles

Por eso es que yo hablo de personas incompatibles.

Para empezar, esto quita el juicio moral para la otra persona y me libera de la espiral que es estar buscando culpables. También me permite validar mi incomodidad y dolor sin tener que pintar a la otra persona como alguien malvado. Finalmente, me ayuda a conocerme más y mejora mis posibilidades de encontrar a un mejor *match* en el futuro.

¿Vas a hallar a alguien 100% compatible contigo? No. De hecho, el Instituto Gottman dice que el 69% de los problemas que tendrás con tu pareja nunca serán resueltos. Esto no quiere decir que el 69% de tu relación sean problemas, sino que de cada 10 de ellos, 7 son irresolubles. Y tiene todo el sentido. Somos personas diferentes, con sistemas de creencias y hábitos complejos que no necesariamente queremos abandonar o cambiar. El objetivo no es encontrar a alguien totalmente compatible, sino asegurarme de que mis valores fundamentales sean compatibles en ese 31% que sí podemos negociar.

Te doy dos ejemplos. He tenido parejas (porque parece que así me los busco) que tienen problemas para planear y llegar a tiempo. Yo planeo absolutamente todo, tengo calendarios, recordatorios y alarmas para poder llevar mi día a día. Particularmente porque mi memoria es muy muy mala, y si algo no está en mi calendario, no va a suceder; emparéjame con alguien que nunca usa ninguna de esas herramientas y tiene una actitud de “ay, sí llegamos” y tienes una receta perfecta para el drama.

Aun así, en esas relaciones he encontrado un balance, ya que la puntualidad solo es una forma en la que yo me siento conectado y seguro. Es algo negociable. He conseguido acuerdos como tener un margen más amplio de llegada, mandar mensaje de recordatorio (porque la necesidad es mía) o especificar para qué eventos es esencial para mí que hagan un esfuerzo adicional.

En ese caso, la puntualidad cae en el 69% que nunca vamos a resolver. Ellos nunca dejarán de llegar tarde y yo no dejaré de planear mi vida. Pero para mí es algo con lo que puedo vivir, aceptando que el patrón general implica que yo tendré que ceder. Para eso es importante que me responsabilice de pedir lo que necesito, negociar lo negociable y poner límites a lo no negociable.

Por otro lado, tuve una relación a distancia con una persona que me gustaba mucho (pero muchísimo). Teníamos incompatibilidades en comunicación (yo quería más, él menos), en lenguajes del amor y en dinámicas con amigos. Todo eso lo fuimos negociando y resolviendo. Un día le pedí que hiciéramos un ejercicio de compatibilidad llamado “Buffet de la anarquía relacional - versión 5”, con la idea de explorar hacia dónde queríamos llevar esa relación. En ese ejercicio surgió que para él tener hijos era algo necesario y parte de sus no negociables. Yo no quiero tener hijos. Y no es negociable.

Al ver esto, con mucha tristeza, me di cuenta de que teníamos una incompatibilidad fundamental que hacía nuestra relación insostenible. Él me preguntó si yo estaría dispuesto a continuar y ver si alguno de los dos cambiaba de opinión en unos años. Yo me rehusé con mucho dolor porque la realidad es que **yo no quiero una relación con alguien que podrías ser. Y este que hoy eres no es compatible conmigo.**

Salir con personas incompatibles me ha ayudado también a no villanizar a mis exes, ni entrar en papel de víctima en mis relaciones. Además, me permite explorar qué quiero y conocerme poco a poco.

Hoy sé que yo soy un hombre cisgénero, no monógamo, *kinky* y demisexual, que no quiere tener hijos, necesita palabras de afirmación, comunicación frecuente, intencionalidad en hacer acuerdos y revisarlos periódicamente. Por mi trabajo, soy una figura pública y soy visto todo el tiempo, por lo que mis relaciones tienen un componente privado, pero necesariamente una parte pública. Tengo una comunidad *kinky* que constituye una parte importante de mi familia elegida y mi sexualidad está ligada en gran parte a prácticas no convencionales.

> **Cisgénero:** Se identifica con el género que le asignaron al nacer. Cuando nací, me registraron como hombre. Ese término aún me hace sentido y es parte de quien soy.

> **Demisexual:** Es una microetiqueta parte del espectro asexual. Particularmente se refiere a personas que sienten atracción sexual hacia otra persona solo después de haber establecido un vínculo emocional.

Kinky: Es una persona que vive su sexualidad con elementos que se salen de la norma establecida socialmente. Esto puede ir desde alguien que usa juguetes sexuales hasta alguien que tiene prácticas de BDSM.

Fetiche: Es comúnmente confundido con *kink*. Un fetiche es algo que utilizo para llegar al orgasmo. Por ejemplo, puede que use ropa de piel porque me gusta la sensación y el olor, lo que sería un *kink*; si uso piel cuando me masturbo o tengo sexo con alguien y eso me ayuda a llegar al orgasmo, sería un fetiche.

¿Tú qué quieres?

Ya sé, yo también odio esa frase un poquito porque a veces yo mismo me respondo: "Ay, Jaime, no sé". Y es completamente válido no saber, sobre todo si no te has dado la oportunidad de explorarlo en un lugar seguro (o ni siquiera sabías que era una posibilidad).

Parte de mi objetivo en este libro es compartirte mi jornada para llegar a conocer mis valores fundamentales, lo que sí es negociable, mis límites, mis necesidades, mis deseos y las herramientas que me han permitido construir relaciones éticas y funcionales. No tiene que funcionarte a ti de la misma manera. Más bien, te pido que lo veas como una invitación a mi casa, donde puedes ver la estructura y la decoración, con la posibilidad de que algo te guste para aplicarlo en la tuya.

Gotitas de poliamor

¿Cómo sabes que alguien es incompatible contigo?

¿Qué hace que alguien sea compatible contigo?

¿Te has quedado en una relación por el potencial de la persona?

Tomando como ejemplo mi descripción de mí mismo en los párrafos anteriores, ¿cómo te describirías?

No quiero una relación sana, quiero una relación ética

Al abandonar el concepto de *personas tóxicas*, también me deshice de la idea de personas "sanas". Muy desde la psicoterapia Gestalt, yo considero que todo lo que hacemos individualmente viene de algún momento en que nos fue funcional. Esa actitud defensiva, el estrés de no pedir lo que necesitas o la tensión de extrañar a alguien, todo eso hoy puede llevarte a sufrir o dañar tus relaciones, pero en algún momento te salvó la vida.

> **Salud: No solo es la ausencia de enfermedad. Según la OMS, incluye tu bienestar emocional, psicológico y físico.**

Cuando lo miro así, dejo de verme como una persona que necesita ser "curada" porque no estoy enfermo. Lo que sí puede faltarme es actualizar mi sistema operativo a mi contexto actual. A veces necesito recordarme "Jaime, hoy no eres un niño que se queda solito, sin la posibilidad de moverse. Hoy eres un adulto que puede extender la mano y habrá siempre alguien que la tome".

Entonces, no busco relaciones sanas porque no estoy huyendo de enfermedades. Más bien busco relaciones compatibles que me ayuden a ser más auténtico, sentirme cómodo con quien soy y aprender más acerca de eso que me da seguridad, felicidad, paz y placer. Y no puedo saber si soy compatible con alguien hasta que conozca mis valores fundamentales. Mis no negociables.

Para mí, construir una relación es como construir una casa. Necesito primero ver si el terreno es un lugar donde me gustaría estar y, a partir de ahí, empezar a construir los pilares que sostendrán la estructura. Yo le llamo a eso mis valores fundamentales. Esas ideas que me representan auténticamente y son parte integral de mi identidad. No necesito encontrar a alguien con los mismos pilares, pero no quiero construir un hogar donde nuestros pilares se estorban el uno al otro. Si abandono los planos preestablecidos del amor romántico, ¿cómo construyo?

Personalmente, mis valores fundamentales son: libertad, autenticidad, compromiso y amor. En cuestiones de palabras menos abstractas: **sin agencia no hay libertad. Sin honestidad no hay autenticidad. Sin consentimiento no hay compromiso. Sin compasión no hay amor.**

Veamos uno por uno:

Sin agencia no hay libertad

Hace poco me quejaba con un amigo acerca del uso tan indiscriminado de la palabra *deconstrucción* en muchas publicaciones en redes. Su respuesta fue "Cálmate, señor agencia". Porque creo que esa palabra está presente, si no en todas mis publicaciones, definitivamente sí en todas las entrevistas que me han hecho hasta hoy.

> **Agencia: Es tu capacidad de actuar de forma libre e independiente. Siempre tenemos agencia, a menos que alguien tenga poder sobre nosotros y lo use para limitarnos.**

> **Por ejemplo, yo puedo usar mi agencia para girar una manija y entrar a un departamento, pero alguien puede usar un cerrojo para limitar mi agencia.**

Yo lo pienso como que el libre albedrío es lo que me permite decidir, mientras que la agencia es lo que me permite ejecutar mi decisión. Tú estás usando tu agencia para leer este libro y en cualquier momento puedes utilizarla para cerrarlo, rayarlo, quemarlo o guardarlo.

Soy fan de este concepto porque realmente creo que es un gran antídoto a muchos males en relaciones tanto monógamas como no monógamas. Regresando a la escabrosa idea de codependencia, la respuesta que nos dan las redes y la psicología pop es "Sé tu propia persona" y "No necesitas a nadie para estar completo". ¡Como si fuera tan fácil!

No sé cómo sea para ti, pero personalmente ha habido (muchos) momentos en los que estoy muy consciente de que debería terminar esa relación que me hace tanto daño o dar el paso y atreverme a decir lo que realmente pienso. Sin embargo, en esos momentos me congelo y es como si mis manos y mi cuerpo estuvieran atados por la presión que siento en el pecho y la tensión en mis hombros. ¿Cómo voy a "ser mi propia persona" si ni siquiera puedo moverme? Ahí es donde considero esencial subrayar que la agencia no solo requiere voluntad, también necesita poder.

En una de mis relaciones a distancia, teníamos el plan de viajar cada uno al país del otro mensualmente para así vernos cada quince días. La última vez que lo vi (ya sé, superdramático), el siguiente viaje le tocaba venir a visitarme. Tomando eso en cuenta, aproveché para renovar mi visa, proceso que tarda varias semanas (o meses). Dos semanas después tuvimos una plática por videollamada que se dirigió a terminar. ¡Me sentí tan frustrado e impotente! Yo quería ir al aeropuerto y tomar el primer avión a su ciudad. Tristemente, en ese escenario, mi agencia estaba limitada por una autoridad mayor a la mía: el gobierno de Estados Unidos.

He estado en relaciones donde "solo irme" no era tan fácil porque vivíamos juntos y nuestras finanzas estaban tan entrelazadas que irme significaba ponerme en un lugar riesgoso. Implicaba tal vez no poder costear una renta, modificar mis hábitos de un día para otro y de una forma muy drástica o endeudarme y renunciar a cosas esenciales.

Al iniciar en la no monogamia ética (a partir de este momento, NME), uno de los sentimientos que tenía más presentes era la impotencia. Imaginar que mi pareja podía salir o tener sexo con otras personas me llenó de incertidumbre, se me hacía un nudo en el estómago y me costaba respirar. La monogamia da una ilusión de control donde asumo que mi pareja no "se saldrá de las líneas", por lo que puedo evitarme el trabajo de lidiar con ese sentimiento. A menos que mi pareja tenga una vida aparte de la que comparte conmigo, entonces puedo sentir miedo y angustia cada que sale con sus amigos o decide pasar tiempo solo.

> **No monogamia ética: Cualquier modelo relacional que no está basado en exclusividad romántica, pero además toma en cuenta el bienestar de todas las personas involucradas y sus valores personales.**

La alternativa que se usa normalmente es hacer acuerdos que limiten a mi pareja (por ejemplo, no vas a hablarle a tu ex), sin embargo, ahí dependo de que mi pareja lo haga o no. Me vuelvo cautivo y detective de mi relación, siempre preguntándome si cumplirá lo que dijo. En otras palabras, termino siendo víctima de las circunstancias.

En una relación del tipo que sea, reconocer mi agencia me ayuda a identificar qué cosas puedo hacer, cómo puedo cuidarme y contribuir a la relación. También evita que tome responsabilidad de cosas que no me tocan.

Pero ¿entonces mi pareja puede hacer lo que quiera en cualquier momento? Porque eso sería respetar su agencia y no limitarle. Tristemente, este concepto es muy fácil de utilizar como arma con frases como "Soy libre y no tengo por qué estarte diciendo todo lo que hago", "Si no te gusta, te puedes ir" y el clásico "Yo no soy responsable de lo que sientes, eso te toca a ti".

Para que este primer concepto se mantenga dentro de mi ética personal, debe estar acompañado de honestidad.

Sin honestidad no hay autenticidad

La honestidad pareciera una idea sencilla en la que todos estamos de acuerdo. Suena tan claro como decir la verdad o mentir, pero yo no lo considero así. Déjame ponerte un escenario. Imagina que tu pareja llega a casa en la noche y le preguntas cómo estuvo su día. Él te cuenta de sus juntas, sus problemas y logros, te dice que salió a comer y después llegó a casa. Lo que no te dijo es que la persona con quien salió a comer era su ex, que le había llamado esa mañana para platicar. ¿Fue honesto? Nada de lo que dijo es falso. No hubo ninguna mentira. No hubo ningún engaño.

Creo que muchos estaríamos de acuerdo en que enterarnos después desataría, cuando menos, una discusión que comenzaría con "¿Por qué no me dijiste que fuiste con tu ex?". Utilizando este concepto como arma, la respuesta sería "Yo no te mentí, no me preguntaste". Y en teoría tiene razón. Por otro lado, esa dinámica me vuelve nuevamente un detective de mi relación. En ese escenario, tu pareja dijo la verdad, pero no fue honesta.

Si la línea no es tan clara como verdad o mentira, ¿cómo decidimos qué contar y qué no? En este caso, recurro a la filosofía de Aristóteles (porque ñoño) que seguro has escuchado de una forma u otra. Él decía que las virtudes son las acciones mesuradas, mientras que cualquier extremo se considera un vicio. Esto no quiere decir que nunca deba mentir para ser virtuoso, más bien es saber que debo considerar el contexto en el que estoy actuando.

> **Honestidad: Simplificándolo, para mí honestidad es decir la verdad y compartirte toda la información que te afecta a ti o a mi relación contigo, representándome lo más auténtico posible.**

Revisemos nuevamente el ejemplo del ex donde, para empezar, podemos estar de acuerdo en que no hubo ninguna mentira. Ahora, ¿es claro y evidente que esa comida te afectó a ti o a tu relación? Probablemente no, a menos que tuvieran un acuerdo explícito de no ver a sus exes. Sin embargo, para mí el problema surge con el tercer elemento: ¿estoy representándome lo más auténticamente posible?

Ahora, tal vez te has topado con un argumento como "Pero ni siquiera te afectó que lo viera, no pasó nada y no voy a volver a verle". Nuevamente se convierte en algo complejo porque ¿cómo decides qué sí va a afectarme y qué no? Si me acosté con mi ex a pesar de nuestro acuerdo de exclusividad sexual, claramente estoy afectando nuestra relación y es evidente que ocultarlo sería deshonesto. Pero no porque me afecte que lo hayas hecho. Más allá de cuestiones de salud sexual, complicaciones emocionales en caso de que me entere o que no tenga que ver directamente conmigo, sí hay un elemento esencial que me ayuda a distinguir cuándo debo decirlo o no: el consentimiento.

Sin consentimiento no hay compromiso

Cuando yo era chiquito odiaba ir a casa de mis abuelos paternos. Además de que no sabía cómo interactuar con ese lado de mi familia, me sentía muy incómodo al momento de saludar a mi abuelo. Al llegar, mi papá me decía que tenía que ir a saludar a mis abuelos, lo que significaba darles un beso (quisiera o no). Esto es algo muy común en muchas familias y hasta en la vida adulta es considerado "amabilidad" o "cortesía". El gran problema que yo tenía era cómo quería que lo hiciera. Mi abuelo era calvo, al acercarme bajaba la cabeza y me decía: "Quiero mi beso aquí" apuntando hacia su cabeza. Me provocaba mucho rechazo e incomodidad, pero no tenía opción porque no era una propuesta, era una orden.

Aunque puede ser algo muy familiar, considera el mensaje: debes darle acceso a tu cuerpo a alguien que tiene más autoridad que tú para "no quedar mal". Esta es una de las historias que más cuento cuando hablo de consentimiento, particularmente porque creo que ejemplifica de una forma muy clara la importancia que tiene y, sobre todo, lo normalizado que está ignorarlo y forzar(me) a transgredir mis límites para complacer a otros.

Ahora, el consentimiento no solo es decir *sí* o *no*. Si fuera tan sencillo, probablemente no tendría por qué mencionarlo en este libro. Entenderlo y practicarlo no solo me ayuda a cuidarme y honrar mis necesidades, también me ayuda a detectar relaciones y actitudes violentas o abusivas.

> **Consentimiento: Otorgar acceso o permiso para realizar una actividad o participar en algo. Incluye acceso a mi cuerpo, mis emociones y mi entorno. Y recuerda que NO siempre es NO.**

Personalmente, amo las características del consentimiento que especifica Planned Parenthood refiriéndose a la interacción sexual, pero en definitiva es aplicable a cualquier situación:

- El consentimiento es libre.
  - Es esencial que haya un balance de poder en la situación. Si yo dependo de ti económica o emocionalmente, por más que me digas que puedo elegir, el riesgo puede ser tal que me obligue a decir "sí" cuando no quiero. Ejemplo: el clásico "Si no te gustan mis reglas, te puedes ir de mi casa" que aplican los papás realmente no es una opción, sobre todo cuando la persona es menor de edad y no tiene forma de mantenerse a sí misma.
- El consentimiento es reversible.
  - Otra práctica normalizada es el "ya quedaste". A mí por mucho tiempo me daba miedo decir "sí" porque tenía que estar 100% seguro de que iba a hacerlo. Arrepentirme no era una opción. Sin embargo, tu consentimiento siempre es válido, aun si ya estás en la cama desnudo a punto de estar con alguien más.

Pensarlo de otro modo nuevamente sería llevarte a violentarte a ti mismo para complacer a otro.

- El consentimiento es informado.
  - Decir "sí" para mí requiere tener toda la información que necesito para tomar la decisión. Esto me ayuda a evitar caer en chantajes. Un ejemplo personal está relacionado con que yo casi nunca uso elevadores, me da claustrofobia y sufro mucho. Si alguien me invita a un evento, sabiendo esto, y llegando al lugar veo que omitieron ese detalle, mi consentimiento a ir ya no es válido.
- El consentimiento es explícito.
  - Más adelante te hablaré con mayor detalle acerca de este tema (capítulo 6, ¿Reglas o acuerdos?), pero un gran error que encuentro en relaciones es asumir. Los acuerdos implícitos por pura definición NO EXISTEN. Es posible que yo tenga expectativas o dependa de reglas sociales no habladas, pero eso no implica que tú estás dándome tu consentimiento. El hecho de que seamos novios no te da automáticamente derecho a acceder a mi cuerpo, aunque sea "lo que los novios hacen".
- El consentimiento es específico.
  - Siguiendo con el ejemplo de los novios, puede ser que yo te haya dado mi consentimiento para tener afecto físico, pero puedo elegir qué tanto.
- El consentimiento es entusiasta.
  - De pequeño aprendí que no importa lo que yo quiera. Que puedo negarme y expresar inconformidad, pero eso solo me brindará más incomodidad y castigo. Pero en una relación funcional, puedo darte un "sí" con todo mi corazón si me siento seguro de que también puedo decir "no".

El compromiso va más allá de dar un anillo o hacer promesas. Para mí, el compromiso es saber qué puedo y quiero ofrecerte, siendo claro y específico cuando te lo digo. Puede ser que yo sepa que puedo ofrecerte verte todos los días porque quiero y puedo hacerlo, tal vez puedo ofrecerte solo vernos los fines de semana por mi trabajo o porque quiero cuidar mi espacio personal. Regresando al problema de los *casi algos*, si yo te digo que te ofrezco vernos, tener sexo y hasta salir con mi familia, al mismo tiempo diciéndote que NO te ofrezco una etiqueta de novios, ni exclusividad sexual o romántica, sí me estoy comprometiendo a algo. El problema que yo veo es, nuevamente, asumir que el compromiso solo es uno y se ve igual para todos. En ese caso, es tu responsabilidad decidir si lo que la otra persona te ofrece es suficiente y establecer un límite en caso de que no sea así.

Cuando estableces lo que quieres y puedes dar, escuchando lo que la otra persona quiere y puede darte, puedes decidir *comprometerte* a esa relación. En otras palabras, aceptas los términos y condiciones de la relación.

Ahora, estos tres pilares en particular, la libertad (agencia), la honestidad (autenticidad) y el consentimiento (compromiso) por sí mismos son similares a lo que la gente define como "responsabilidad afectiva" de forma más común. Tristemente, es muy sencillo utilizar esta herramienta como arma. Veamos un ejemplo: "Hoy decidí que voy a acostarme con tu mejor amiga. Puedo decidirlo porque tengo agencia (soy libre de actuar). Ya te lo comuniqué de forma honesta y si no te gusta, te puedes ir (consentimiento)". ¡Imagínate estar en una relación así! Yo lo he estado (de los dos lados) y se vuelve una competencia constante, sabiendo que solo el ganador podrá evitar salir herido.

Esos tres conceptos los he encontrado en varios libros que hablan de no monogamia ética y precisamente veo gente radical que los utiliza de forma abusiva. Por eso es que para mí el cuarto pilar es el que me cuida de caer en esa dinámica: la compasión.

Sin compasión no hay amor

Este es el concepto más esencial y controversial de mi propuesta de relaciones éticas. Empezaré por compartirte mi definición de compasión:

> **Compasión: Asumir buena fe, sabiendo que todos hacemos lo mejor que podemos con lo que tenemos, y actuar considerando el bienestar de todas las personas involucradas, incluyéndome a mí.**

La ausencia de compasión genera un vacío entre nosotros que comienza a llenarse de un veneno que corroe la relación poco a poco. De pronto no reconozco a la persona amorosa y comprensiva que hubiera dado cualquier cosa para verme sonreír. Al escucharlo enojado diciéndome que no tiene por qué decirme que me ama si no lo siente, va a hacer lo que quiere "aunque me duela" o cualquier otra frase similar, me siento atacado y mi seguridad, amenazada. Entonces respondo con "¿Tan difícil te es darme amor?", "No te importa cómo me siento", o encontrando algún error pasado que pueda utilizar para contraatacar.

Como ejemplo, hace tiempo una pareja con quien estaba a larga distancia me dejó plantado en una cita virtual. Ya que habían pasado quince minutos le mandé mensaje para ver si estaba bien. Me contestó que se le había olvidado nuestra cita y estaba con sus amigos en un café. Por supuesto, mi primer pensamiento fue que yo no era muy importante para él si se le olvidó que iba a verme.

Cuando me pongo los lentes de la compasión reconozco que él es alguien que tiene muy mala memoria, tiende a olvidar citas y a empalmar cosas que no están en su calendario. También sé que esa noche había un evento astronómico al que quería ir y estaba muy emocionado. No era que no quisiera estar conmigo porque su olvido no se trataba de mí. ¿Eso justifica que no haya llegado? Por supuesto que no. **Son lentes de la compasión, no de la negación y la miopía.**

Justificarlo significa que lo libero de responsabilidad y ya no tiene que hacer nada para reparar. Eso NO es compasivo porque, si recuerdas, mi definición también incluye mi bienestar. En este caso, entenderlo me ayuda a saber qué haré en el futuro y cómo necesito que repare. Por más compasivo que yo sea, si la relación va a funcionar, es necesario reparar eso que se rompió.

Todo eso aplica a mí también. En mi historia he hecho cosas que han herido a otras personas, he tomado decisiones que resultaron en daño para mí y he dejado pasar oportunidades muy valiosas que, en retrospectiva, hubieran hecho un cambio muy positivo en mi vida. Viéndolo con los lentes de la compasión, en ese momento yo no conocía otra forma de hacerlo. De ser así, lo hubiera hecho diferente.

Antes de terminar esta sección, estimado lector, si tu mente te grita que "no debe ser así porque es justificar mentiras, traición y violencia", necesito recordarte y subrayar algo: la compasión NO es sonsacar, justificar y mucho menos aceptar cosas que nos hacen daño.

¿Cuáles son mis valores esenciales?

Poner esos cuatro valores en práctica cuando tomo decisiones, desde con quién tendré una relación hasta tomar decisiones de vida, me ha ayudado a encontrar paz, validando y honrando mi autenticidad.

Tal vez te preguntes cómo se ve eso en situaciones del día a día. Te doy un escenario particular. Estuve conociendo a una persona a larga distancia durante varios meses. La segunda vez que nos vimos en persona fue porque fui a visitarlo a su ciudad. Él había planeado que asistiéramos a una celebración nacional donde habría un show y convivencia. Después de recogerme en el aeropuerto pasamos a un lugar a comer. Le pregunté quiénes de sus amigos irían y me dio tres nombres, dos que yo conocía y uno nuevo. "Ah, es la otra persona con la que estoy saliendo", me dijo. Considerando que había viajado cuatro horas para verlo, comprenderás mi sorpresa.

En otros momentos, habría asumido que es un desconsiderado patán, que no le importo y solo estaba jugando conmigo, me hubiera levantado e ido en medio de un gran drama. Esta vez lo vi así: porque tengo agencia, puedo decidir irme o quedarme, nadie tiene el poder de obligarme a elegir qué hacer. ¿Fue deshonesto? Para él no era información necesaria, ya que él y yo no teníamos un acuerdo de exclusividad, pero en ese momento lo compartió conmigo porque implicaba que íbamos a convivir los dos. Yo había dado mi consentimiento entusiasta a estar en esa celebración, pero, con este nuevo detalle, fue necesario revaluar mi "sí". Asumí buena fe, no todo es acerca de mí y él no estaba intentando hacerme daño. También teniendo compasión conmigo, revisé qué tanto me molestaba o incomodaba la situación. Finalmente, decidí ir después de platicar algunos detalles como expectativas, límites y necesidades en esa interacción.

Nuevamente, fíjate cómo entender no es justificar. Aunque asumo su buena intención, eso no quita mi dolor y mucho menos libera a la otra persona de su responsabilidad ante el daño que causó.

Ahora, esos son MIS valores esenciales. Los he practicado en esa combinación, en ese orden y me han ayudado a tener relaciones más funcionales, sobre todo ayudándome a no caer en dinámicas tóxicas de manipulación, desdén y competencia. Por el contrario, me ayudan a poner los ojos en el tipo de relación que SÍ quiero y es compatible conmigo.

Gotitas de poliamor

¿Cómo cambia tu percepción de las relaciones al sustituir "tóxico" o "sano" por incompatible o compatible?

¿Cómo vives cada uno de los cuatro pilares que te presento?

Libertad

Autenticidad

Compromiso

Amor

¿Cuáles son tus valores esenciales?

¿Cómo se ven en tu vida diaria?

3

El amor es una decisión, no un accidente

TAL VEZ TE SORPRENDA LEER que yo nunca me he identificado como poliamoroso, aun cuando llevo muchos años en la no monogamia ética y otros tantos en una relación poliamorosa.

Uno de mis primeros romances intensos sucedió justo después de salir del clóset. En ese tiempo estaba asistiendo a un grupo de Al-Anon (grupo de autoapoyo para familiares y amigos de alcohólicos), donde conocí a los primeros hombres abiertamente gays en mi vida. Eso le dio esperanza a mi ansioso corazón de adolescente homosexual que pensaba que era el único en el mundo (considera que esto pasó ya hace muchos años y no había tanta apertura).

Un día, uno de esos amigos me invitó a su departamento antes de ir a un bar. Al llegar y tocar la puerta, la persona que abrió me dejó atónito, porque decir "apendejado" no es muy *aesthetic* que digamos. Tenía una sonrisa mágica, un cuerpo hermoso y peludito, pero, sobre todo, ¿estaba coqueteando conmigo? ¡No podía creer la gran suerte que tenía! Después de algunos intercambios de flirteo fui con mi amigo y le pregunté qué podía decirme de este nuevo ser que había entrado a mi vida. Su respuesta fue sencilla y clara: tiene marido.

En ese tiempo, eso era suficiente para que yo pusiera un límite y dejara de considerar a la persona como una posibilidad. Sin embargo, este me gustaba mucho, así que me permití acercarme un poco. Cuando le pregunté su situación, me explicó que él y su marido tenían una relación "abierta" (un término vago en esos tiempos), pero que él realmente no se acostaba con nadie a pesar de tener la posibilidad. Eventualmente nos besamos, fuimos a su casa en la montaña y tuvimos un romance de esos de película, pero muy cortito. Un día, cuando considerábamos tener sexo por primera vez, me dijo que su esposo le había pedido que en este caso también quería participar con nosotros. Me explicó que ellos habían tenido a otras personas en su relación con quienes no solo se acostaban, sino que hasta habían llegado a vivir juntos... lo que me pareció fascinante y totalmente inaceptable. Y escuché en mi mente un *Yo jamás podría hacer eso*. Y pues ahora le diría al Jaime del pasado: "Sí puedes, pero ¿quieres?". En ese momento era claro que yo no quería, así que renuncié a esa posibilidad.

Ese encuentro me mostró que había otras formas de relacionarse que podían ser funcionales y sanas. Aun así, no fue un despertar personal como cuando salí del clóset como homosexual. Vi que había otros caminos, pero no uno específico que se sintiera "bien" o "único" para mí. Lo que sí puedo decirte es que al inicio el poliamor me daba curiosidad, pero realmente no me gustaba.

Te preguntarás: "¡Jaime! ¿Entonces qué haces ahí y por qué hablas de poliamor?".

Poliamoroso sin guía ni camino a seguir

Todo empieza con esa historia que comencé a contarte en el primer capítulo, en la que Marco y yo conocemos a una persona con quien tenemos un romance complicado y caótico. En ese tiempo Marco y yo vivíamos una relación donde teníamos sexo con terceras personas o en grupos, pero siempre juntos. En una marcha del orgullo conocemos a alguien a quien llamaré Simón (porque nunca he conocido un Simón). Al principio él iba a nuestro departamento exclusivamente para tener encuentros sexuales, solo que muy rápido pasó de algo casual a algo semanal. Hasta que llega el día que Simón se queda dormido y Marco y yo nos encontramos en un momento decisivo, ¿lo despertamos para que se vaya o dormimos con él?

Como seguramente sospechas, elegimos acostarnos y dormir los tres juntos. Eso siguió escalando a que Simón llegaba con nosotros el viernes y se iba el sábado o el domingo. Ya no solo teníamos sexo, sino que salíamos a comer, al cine y hasta llegó a estar en nuestras reuniones sociales. Todo este tiempo permanecimos en el entendido de que *no éramos nada* (de esas mentiras absurdas que uno elige creer a veces) y que no íbamos a enamorarnos. Obviamente eso no funcionó.

Al cabo de unos seis meses, Marco me hace ver que estoy enamorado de Simón. Siendo que yo jamás había considerado el poliamor como una posibilidad, inicialmente lo negué. Al menos hasta que comencé a hacer una exploración de mis relaciones anteriores. En varias ocasiones había sucedido que yo tuviera algo que nombré "romance de primavera": de pronto estando en una relación monógama conocía a alguien nuevo que me movía el piso. Debido a que el primer pensamiento que tuve fue que no podía amar a más de una persona, eso solo quedaba en fantasía y nunca lo llevé más allá. Particularmente, pensaba que si lo fomentaba, significaría que ya no amaba a mi pareja.

Desafortunadamente, aquí es donde la historia empieza a descomponerse. Al no tener ningún referente, modelo o guion que seguir, simplemente continuamos como estábamos. Enamorados y sin decirnos nada por miedo a que significara el fin de esa relación. Además, yo no tenía idea de cómo se llamaba eso que estábamos haciendo. ¿Éramos una tríada? ¿Amigos con derechos? ¿Novios?

Un día, Simón nos invitó un helado y nos dijo: "Tengo que decirles algo". Mi estómago se hizo un nudo, mi respiración se volvió superficial y mis pensamientos empezaron a correr a mil por hora, revisando todos los futuros posibles. "Conocí a alguien", nos dijo muy serio. El silencio que le siguió estaba lleno de incógnitas para mí. ¿Entonces ya no vamos a seguir? ¿Tienes que escoger? ¿Nos estás avisando nada más?

De nuevo me encontraba confundido e impotente por no saber qué opciones teníamos.

Gotitas de poliamor

¿Has tenido “romances de primavera” así como lo describí yo? ¿Cómo fueron?

¿Qué te fue pasando mientras leíste esta historia?

¿Cuál es el guion que sigues hoy para construir tus relaciones? ¿Quién te lo enseñó?

¿Cómo debería ser una relación poliamorosa?

Podría escribir un libro completo de esa relación, simplemente describiendo lo que fue pasando y cómo me fui sintiendo, pero esto no es una novela para mi catarsis. Además, ese chisme seguro ya lo conté en varios *lives* en mi cuenta de Instagram.

Para mi tranquilidad (la poca que pude tener), Simón le había comunicado a esta otra persona que él "venía en paquete". Aunque no era para que los tres saliéramos con él, Simón no estaba dispuesto a renunciar a su relación (aún sin nombre, ni detalles específicos) con nosotros. Solo había que descifrar qué significaba eso.

Al mismo tiempo, yo había empezado mis estudios de maestría en Psicoterapia Gestalt y necesitaba un tema para mi tesis. Por supuesto, no había otro que fuera tan oportuno y necesario. Durante todo ese tiempo, estuve buscando información, leyendo, aprendiendo y buscando a otras personas que hubieran vivido lo que yo estaba viviendo. Además del dolor y miedo que sentía ante la incertidumbre de mi relación, sentía culpa por tener celos e inseguridad. Sin embargo, no pude encontrar un espacio con personas hispanohablantes donde convivir y explorar más allá del juicio y el "deber ser" polinormativo.

Polinorma: Serie de expectativas para ser un "buen poliamoroso", partiendo de la idea de que las personas no "deberían" ser monógamas.

Un día se me ocurrió hacer una publicación en un grupo de Facebook de poliamor diciendo: "Quiero conocer a otros hombres homosexuales que se identifiquen como poliamorosos para compartir experiencias y saber más, porque no sé qué hacer". Me interesaba que fueran hombres homosexuales porque era lo que más se acercaba a mi experiencia.

Para mi sorpresa, a esa pequeña reunión impromptu en un café cerca del Monumento a la Revolución llegaron más de 20 personas. Todos con la misma necesidad: encontrar comunidad, comprensión y empatía. En la reunión nos dedicamos a compartir historias que validaban lo que habíamos vivido, dándonos cuenta de cómo varios habíamos pasado por cosas muy similares. Ya que nos íbamos, alguien me agradeció por convocar la reunión y me dijo: "Solo que creo que podrías moderar mejor la siguiente". Yo no iba de moderador. Yo era uno más que no sabía qué hacer.

A partir de ese día, comencé a crear espacios virtuales y presenciales para construir esa comunidad empática, amorosa y compasiva que necesitaba. Y así fue como empezó el proyecto que me llevó a escribir este libro: Gotitas de poliamor para los dolores de la monogamia.

Gotitas de poliamor

¿Qué has escuchado del poliamor?

¿Cómo son tus espacios seguros
para hablar de tu relación?

¿Alguna vez has sentido esa necesidad
de encontrar a "tu gente"? ¿Cómo fue?

¿Eres poliamoroso o tienes relaciones poliamorosas?

Regresando al punto de que yo no me considero poliamoroso, quiero empezar haciendo la distinción entre lo que soy y lo que hago. A mí no me encanta cocinar, mucho menos para mí solito. Me frustra pasar dos horas en la cocina para sentarme y comer en 15 minutos lo que hice durante dos horas. Eso no quiere decir que no sepa cocinar, solo no me gusta. ¿Eso me hace cocinero o chef? La respuesta parece obvia por ser un ejemplo muy simple, sin embargo, llevémoslo a algo más complejo.

Hace algunos años hice un proyecto con un grupo de primero de secundaria donde tenían que realizar una campaña de consciencia social del tema que eligieran. Para mi sorpresa, un equipo quería hacerlo acerca de discriminación a la comunidad LGBTQ+; sin embargo, tenían muchas dudas acerca de la experiencia de una persona trans. Al yo ser un hombre cis, me pareció más prudente consultar a un amigo trans.

Mis alumnos prepararon una serie de preguntas que le envié a él, sin yo haberlas leído antes. Quería que mis alumnos y yo compartiéramos la experiencia de escuchar las respuestas por primera vez juntos (por supuesto, esto después de generar un lugar seguro y de mucha confianza con el grupo en general). Una de las preguntas fue si él era capaz de sentir orgasmos (claramente las nuevas generaciones están mucho más informadas de lo que yo estaba a su edad).

La respuesta de mi amigo me confundió, luego me impactó y finalmente me llevó a comprender el concepto de identidad de género. Nos contó que él se identifica como hombre trans heterosexual que solo tiene sexo con personas con vulva. No sé qué te pase a ti con esa oración, pero yo me sentía como ese meme de la señora con las fórmulas matemáticas flotándole alrededor de la cabeza. Para empezar, no entendí por qué no solo decía que tenía sexo con mujeres y ya, hasta que caí en cuenta de que también hay mujeres trans con pene.

> **Género: Cómo expreso mi identidad de acuerdo a las normas sociales del contexto en el que vivo. Puede ser que el género masculino se perciba a partir de alguien que tiene barba y use colores oscuros, mientras que una persona femenina use vestidos y colores brillantes. Hoy en día, afortunadamente, eso es mucho menos normativo y al menos yo soy feliz expresando mi identidad de género pintándome las uñas, dejándome la barba larga y usando colores combinados con ropa oscura.**

Explicó que su identidad de género, expresión de género y orientación sexual eran diferentes. Generalmente no es algo que tengamos en cuenta porque en el mundo heterocis, esos tres están alineados: un hombre o mujer tiene una expresión de género masculina o femenina y se siente atraída por penes o vulvas respectivamente. En este caso, él presentaba la posibilidad de que hubiera una gran cantidad de combinaciones.

> **Identidad de género: Cómo me veo yo a mí mismo y cómo me identifico. Generalmente nos quedamos con la identidad que nos asignan al nacer, pero al crecer podemos reafirmarla. Yo, por ejemplo, me identifico con el género masculino que me asignaron cuando nací.**

> **Expresión de género: Cómo expreso eso que siento que soy. Para mí ser "masculino" puede incluir tener barba, usar pantalón y tener pelo corto. Sin embargo, puede ser que para ti incluya algo diferente.**

> **Orientación sexual: Hacia qué sexo y género siento atracción sexual. Puede ser que me guste alguien que tiene una expresión de género femenina (tradicionalmente) y tenga pene.**

Fue la primera vez que entendí por qué los HSH no son considerados hombres gays. De nuevo, no necesariamente eres lo que haces.

> **HSH: Hombres que tienen sexo con otros hombres. Su interacción sexual no define su identidad como personas homosexuales.**

Llevándolo al tema del modelo relacional, ser una persona poliamorosa puede vivirse como una identidad. Independientemente del número de vínculos que se tenga, esa persona se sabe con la capacidad y deseo de tener varios vínculos románticos (donde todas las personas saben de la existencia de las demás) y es parte de su personalidad. En este caso, el poliamor es tan parte de ellos como su orientación sexual y expresión de género. Es la forma en la que se relacionan y no solo tiene sentido, sino que les permite sentir comodidad y pertenencia.

Considerando la poca información que existe, es altamente probable que estas personas entren a relaciones monógamas y siempre sientan que algo les falta. Ya que sean infieles o decidan terminar la relación, es tema de otro capítulo.

Personalmente, mi tendencia más cómoda es a tener un solo vínculo romántico. Es lo que se me da más fácilmente por mi personalidad, deseos y formas de dar y recibir amor. ¿Puedo tener relaciones poliamorosas? Evidentemente sí puedo, pero eso no cambia quién soy.

En los últimos años, me he relacionado con personas cuyas personalidades son mucho más compatibles con el poliamor. Tienen una gran capacidad de generar nuevos vínculos y, sobre todo, disfrutan que la otra persona también comparta momentos y relaciones románticas con otros. Esto no quiere decir que no sientan celos, pero no están relacionados con que su pareja comparta tiempo o amor con alguien más (hablaremos más de esto en el capítulo "Los celos son amigos").

Para mí, estar en una relación poliamorosa requiere todo un proceso que lleva tiempo y esfuerzo de todas las partes involucradas. Si empiezo una relación con alguien nuevo, necesito poder construir confianza, cercanía y seguridad antes de estar cómodo con que esa persona tenga otros vínculos nuevos (y no significa que yo estaré buscando otros). Este proceso puede llevarme de seis meses a un año y medio. Durante ese tiempo, me importa conocer cómo la persona expresa amor, cuánta atención requiere y cuánta está dispuesta a dar, saber cómo resuelve conflictos y qué tan compatibles somos en cuestiones de acuerdos y límites. Ya que esto sucede, no tengo problema con que conozca a otras personas con intenciones románticas. Por supuesto, esto va a cambiar dependiendo del tipo de vínculo que quiera formar con la persona.

Aquí tal vez te preguntes: "Jaime, pero ¿y si te enamoras sin darte cuenta?". Para mí, enamorarme no es algo que pase "sin querer". En la historia que te platiqué antes acerca de Simón, yo fui viendo poco a poco cómo mis sentimientos por él iban cambiando, pero decidí ignorarlo o restarle importancia. No es como que me enamoré de un día para otro y por supuesto que estaba consciente de lo que iba sucediendo.

Gotitas de poliamor

¿Te has encontrado con mensajes radicales acerca del poliamor? ¿Cómo te han afectado?

¿Qué ideas has recibido de la monogamia radical?

¿Cómo diferencias lo que eres de lo que haces?

¿Cómo expresas tu género?

¿Cuáles son las señales de que te estás enamorando?

¿Cómo decido amar?

Una afirmación que he escuchado cientos de veces, siempre con el mismo problema, es "Tú no puedes controlar lo que sientes".

Aunque eso es cierto, creo que omite algo esencial: sí puedes controlar qué haces con lo que sientes. Yo lo entiendo de la siguiente manera: cuando conozco a alguien, es como plantar una semilla entre nosotros. En ese momento no sé qué saldrá de ahí. La única forma de descubrirlo es echarle agua, atenderla y verla crecer. Puede que surja una rosa roja del romance, una flor amarilla de la amistad, un cactus que nos haga daño o que simplemente nunca florezca y se muera.

Entonces, no me enamoré de Simón "por accidente". Aunque la semilla se sembró sin que yo pudiera hacer algo al respecto, sí tuve que decidir seguirle echando agua o dejar que se secara.

Seguir regando la plantita se ve como:

- Fomentar la comunicación mandando mensajes o llamando.
- Incrementar o mantener la frecuencia con la que interactúas con esa persona.
- Escalar la cercanía usando lenguaje afectuoso diferente al de otras relaciones amistosas.

Hay también formas indirectas de dejar que crezca:

- Ignorar y aminorar cómo reacciona tu cuerpo con la interacción con esa persona.
- Sobre todo, menospreciar el interés que tienes en esa relación mintiéndote a ti mismo con frases como "Ay, ni me gusta tanto" mientras sueñas que te abraza y tu corazón se acelera cuando te manda mensaje.

> **Enamoramiento: Es el conjunto de emociones y sentimientos que surgen a partir de la atracción que siento por alguien. El coctel de hormonas y neurotransmisores que suceden durante este tiempo derivan en afecto, euforia, atracción, nostalgia y otros tantos estímulos que resultan adictivos y siempre nos dejan queriendo más.**

En la NME no hablamos de enamoramiento, sino de *energía de nueva relación* (ENR a partir de este momento). Personalmente, ese término me hace mucho más sentido porque reconoce que es algo momentáneo que sucede al principio y va a terminar. Justamente es eso a lo que yo le llamaba "amor de primavera".

> **Energía de nueva relación: Etapa al inicio de una relación donde me siento fascinado, emocionado y cautivado por una nueva conexión. Es la etapa de "luna de miel".**

Por otro lado, para mí el amor es algo mucho más intencional y no sucede por accidente. Yo puedo estar enamorado de alguien y nunca llegar a amarle o amar a alguien sin haber estado enamorado.

Yo defino el amor como la decisión de construir algo con alguien que es más de lo que podemos ser por separado.

Para hacerlo más visual, yo uso una analogía que denomino "amor cósmico". Imagina que todos somos un planeta. Amar es decidir construir un puente a un nuevo planeta que habitaremos juntos. Tú llevarás cosas del tuyo y yo del mío. Es posible que haya elementos que tú necesitas para vivir y es esencial tenerlos en este nuevo planeta, aunque no sean de mi agrado. Digamos que necesitas una cascada para estar cómodo y a mí no me gusta el sonido constante que genera. Ahora, tal vez yo necesito tener luces de colores para sentirme contento, pero tú tienes ojos sensibles y te molesta. Finalmente, es ir encontrando balance, aprendiendo a reparar y construir lugares seguros de amor e intimidad.

Es importante recordar que yo sigo teniendo mi propio planeta, que requiere tiempo y atención. De ahí otra definición del amor que me gusta es: contigo soy alguien que no puedo ser sin ti, y sin ti soy alguien que no puedo ser contigo.

Gotitas de poliamor

¿Cómo vives el enamoramiento?

¿Cambia algo para ti verlo como ENR?

¿Cómo describirías tu planeta?

¿Qué quieres llevarte de tu planeta
al planeta compartido?

¿Qué quieres mantener privado solo en tu planeta?

Los dolores de la monogamia

No me cansaré de repetir que la monogamia es un modelo perfectamente válido y puede llevarse éticamente. Me importa dejarlo claro porque seguro te has topado con personas no monógamas radicales que te dicen que la monogamia es un modelo menos evolucionado, falto de deconstrucción, un mal a erradicar y no sé qué otros juicios. Dicho eso, es cierto que la monogamia no tiene una historia muy bonita que digamos, a menos que seas un hombre heterosexual cisgénero.

Quiero preguntarte, estimado lector, ¿cómo definirías "monogamia"? Aunque es cierto que desde un enfoque biológico la monogamia es tener una sola pareja sexual durante toda la vida, creo que muy poca gente entraría en esa definición. Coloquialmente entendemos que una persona monógama busca tener solo una pareja sexual y romántica a la vez.

¿Te hizo ruido que dijera "a la vez"? Te entiendo. Durante mucho tiempo (y creo que aún hoy) anhelé con todas mis fuerzas el ideal de tener a una persona, un compañero, que estuviera conmigo toda la vida. De otro modo, tengo que aceptar la posibilidad de que la persona con la que estoy saliendo no sea "la correcta" y tal vez tenga que buscar nuevamente.

Es probable que ya estés familiarizado con los orígenes de la monogamia. Vayamos al inicio: cuando nuestros ancestros empiezan a establecerse con la agricultura, es necesario proteger recursos asegurándose de que la familia sea quien los herede. Entonces las mujeres comienzan a buscar compañeros que puedan darles sustento y protección, tanto a ellas como a sus hijos. Por otro lado, los hombres necesitan asegurarse de que los hijos sean realmente suyos, para no estar trabajando para proteger el linaje de alguien más. La solución a eso es el matrimonio, que se volvió parte de la civilización en tiempos tan antiguos como el 2300 a. e. c. en Mesopotamia. Al principio eran contratos estratégicos para generar alianzas entre familias con fines económicos y sociales. Fue hasta finales del siglo XVIII, en la era del Romanticismo, que se empezó a asociar con romance y amor. Como puedes ver, ese sueño de la boda con el amor de tu vida es bastante reciente.

Aquí hay que tener muy presente que hoy el matrimonio es un contrato legal donde amar a la otra persona no es un requisito. Si tú llegas al registro civil y le dices al juez que la otra persona ni te importa y hasta te cae mal, a lo mucho te preguntará si estás seguro, pero no invalida ni imposibilita el procedimiento. ¿Entonces por qué lo seguimos haciendo? Está tan arraigado en nosotros, que hasta tiene un término: amatonormatividad. Y para mantenerlo vigente surge, como tal vez lo sospechas, el amor romántico. Y no, no todo es culpa de Walt Disney como te lo dicen algunas cuentas radicales en redes sociales.

> **Amatonormatividad: Creencia social de que todos necesitamos y prosperamos a partir**

de una relación romántica. Básicamente, la idea de que tener pareja es el objetivo de vida de todos.

El "felices para siempre" surgió en Venecia, Italia, hace unos 400 años. En ese entonces, la esperanza de vida era alrededor de 40 años, además de que el 50% de los niños solo vivían hasta los 16. En ese tiempo no era posible que una persona común se casara con alguien de la nobleza, por lo que si nacías en la pobreza, morirías en ella también. La mejor forma de arreglarlo era reconsiderar la división de clases sociales, reconociendo derechos humanos universales y así dándoles oportunidad a todos.

Solo que eso era muy complicado y no le era nada conveniente a la clase alta. Si todos fuéramos iguales y tuviéramos los mismos derechos, perderían sus privilegios, así que mejor inventaron los cuentos de hadas. Como dicen por ahí: *al pueblo pan y circo*. La idea era darle esperanza al pueblo de que tal vez, algún día, llegaría el príncipe azul para llevarlos a un castillo y cambiar su vida para siempre; así seguirían trabajando, esperando y, por supuesto, buscando recrear esas relaciones perfectas. Todo esto nos conduce a una serie de creencias que seguimos aún sin darnos cuenta. Entre ellas pensar que la monogamia siempre ha sido parte integral de las relaciones amorosas humanas. O hasta entrar en debates de si la monogamia es antinatural y la verdadera naturaleza humana es la no monogamia.

Para esto siempre tengo la misma respuesta: natural es dejar morir a los enfermos y hasta comerse a las crías, para algunos animales. Pero no por eso dejamos de usar medicina, ni de cuidar a quienes son parte de nuestra familia (consanguínea o elegida). Yo soy responsable de mis decisiones y puedo elegir lo que más esté alineado con mi bienestar. No voy a echarle la culpa al destino, al mundo y mucho menos a mi "naturaleza". Soy un animal racional capaz de usar mi libre albedrío.

Gotitas de poliamor

¿Cómo es tu concepto del matrimonio? ¿Ha cambiado?

¿Cómo vives la amatonormatividad en tu vida?

¿Qué otros dolores de la monogamia consideras que existen?

¿Hay algo que consideres naturaleza en las personas? Algo que no podamos cambiar.

Gotitas de poliamor

Es posible que después de leer todo eso interpretes que estoy haciendo una crítica a la monogamia, llegando a la conclusión de que fue solo algo inventado por conveniencia. Sin embargo, déjame decirte que TODOS los términos son inventados por conveniencia. Todas las palabras son creadas para describir algo y eso es muy, muy bueno.

Al hacer mi investigación acerca del poliamor y vivir mis propias experiencias en la no monogamia, aprendí lo importante que es poder dividir lo que hago de lo que soy, sobre todo para poder construir la versión de mí que esté más alineada a lo que necesito y quiero. Aunque entiendo que puede ser algo difícil de comprender.

Hace poco salí con alguien que conocí en una de esas *apps* de ligue. En mi perfil siempre soy claro y específico en cuanto a mi situación romántica, identidad y disponibilidad emocional porque, como dicen, sobre aviso no hay engaño (o “ya sabes a qué le entras”). Por supuesto, ya que nos sentamos a platicar, él tenía muchas preguntas acerca de mi descripción. La conversación fue algo así:

> Él: Entonces tienes un vínculo ancla con quien vives, ¿eso quiere decir que es tu amigo?
> Yo: No. En términos de la monogamia, es lo que llamaríamos pareja.
> Él: Pero tenías otro vínculo ancla a distancia, ¿él sí era tu amigo con derechos?
> Yo: No. Él también era mi pareja.
> Él: Pero tienes un vínculo satélite en Dallas, ¿él también es tu pareja?
> Yo: No. Nuestras vidas no están entrelazadas de esa forma.
> Él: Entonces él sí es tu amigo.
> Yo: ... no.
> Él: Ay, creo que es complicarse demasiado la existencia. Hay de dos: son amigos o son pareja.

No sé si te habrás dado cuenta de lo irónico en esa conversación. La monogamia tradicional tiene solamente dos categorías, amigos o pareja. Además, lo inconveniente de esto es que más que etiquetas, son usadas como moldes. Te explico la diferencia: imagina un buffet. Hay varios contenedores, todos con platillos diferentes. Hay algunos que son fáciles de identificar y otros no tanto. Afortunadamente, podemos ponerle etiquetas a cada uno, describiendo lo que hay dentro y así elegir lo que más nos gusta, evitando lo que nos pueda hacer daño. Pero ¿qué pasa si el platillo cambia un día? Simplemente tomas la etiqueta, la reescribes para que represente el platillo y listo.

Con las identidades es lo mismo. Conforme voy creciendo y conociendo más acerca de mí mismo, puedo ir adaptando mi etiqueta para entenderme mejor y relacionarme con otras personas compatibles conmigo.

Ahora veamos los moldes. ¿Recuerdas esos juguetes que tienen agujeros con formas geométricas? El objetivo es tomar las piezas que embonen para que puedan entrar; el cilindro en el círculo y el cubo en el cuadrado. Pensemos que solo tenemos dos agujeros, el triángulo y el círculo. Si tengo un cubo, una estrella o cualquier variación, tendría que cortarles algunas partes para que quepan. Eso es lo que nos enseñan cuando hablamos de relaciones e identidades. Tenemos que forzarnos a caber en un molde particular, aunque eso signifique sacrificar parte de nosotros.

Las etiquetas están para servirnos a nosotros, no nosotros a ellas.

Aquí es donde empiezan las gotitas de poliamor. En la no monogamia hay una gran variedad de términos y palabras que me han ayudado a comprender mejor mis experiencias. Aplicar esto a la monogamia me llevó a entender cómo mantener este modelo relacional abandonando gran parte de la influencia patriarcal hegemónica para llevarla más éticamente.

> **Hegemonía:** Supremacía o dominio. En nuestra sociedad, las ideas machistas tienen gran influencia y dictan el "deber ser".

Gotitas de poliamor

¿Qué te gustaría saber de la otra persona cuando tienes tu primera cita?

¿Cómo te presentas y qué consideras que es esencial compartir acerca de ti en la primera cita?

¿Qué etiquetas tienes? ¿Quién las escribió?
¿Cómo te gustaría reescribirlas?

¿En qué moldes te han puesto?
¿Cuáles sí te quedan? ¿Cuáles quisieras abandonar?

4

Crece a través del gozo

EN EL PENÚLTIMO SEMESTRE DE LA MAESTRÍA descubrí cuán masoquista he aprendido a ser (y no me refiero a mi vida *kinky*).

Durante un modelaje (sesión de práctica) donde el director del instituto actuaba como terapeuta y yo como cliente, le conté cómo habían sido algunas de mis relaciones y todo lo que yo había crecido a partir de esas experiencias. Como siempre, sentí que estaba contando la última temporada de alguna telenovela mexicana. Cuando terminé, él me dijo que yo había aprendido mucho a partir de todo ese dolor, a lo que contesté asintiendo con la cabeza, tratando de no ser demasiado dramático. Para mi sorpresa, continuó diciendo: "Pero sí sabes que también puedes crecer en el gozo, ¿no?".

Si no duele, ¿no sirve?

Mi educación tenía esa prerrogativa: todo lo que vale la pena cuesta trabajo, dinero, tiempo o, al menos, debe incomodarme. Si estoy cómodo, estoy perdiendo el tiempo. Quiero repetirte eso, el mensaje es "Si estás cómodo, estás perdiendo el tiempo". Por supuesto que esto se traduce en una sensación de vacío e insatisfacción, midiendo mis éxitos a partir del dolor que sufrí o la dificultad que tienen, en lugar de la felicidad y paz que puedo obtener de ellos. Al mismo tiempo, se vuelve esa voz insistente que no me deja tranquilo cuando intento descansar y me dice: *deberías estar haciendo algo de provecho.*

¿Te suena?

Continuando la historia del modelaje que comencé en este capítulo, le pregunté al director a qué se refería con "crecer en el gozo". Me llevó a revisar mi relación con Marco (con quien llevaba unos siete años en ese momento). Durante todo ese tiempo juntos, Marco y yo no habíamos tenido conflictos dolorosos o irresolubles. En la mayoría de las cosas éramos compatibles en lo que queríamos, cómo lo queríamos y cuándo. Cada momento de explorar algo nuevo era tomados de la mano (literal y figurativamente), siempre yendo al paso de la persona más lenta. Por lo tanto, si alguno de los dos se sentía inseguro o incómodo, podíamos hacer una pausa y seguir poco a poco.

Durante esa etapa yo había estado en una relación donde todo lo que crecí fue a partir del gozo, el afecto, la confianza, la complicidad y la comunicación. Todos esos pasos que dimos fueron muy gozosos. ¿Había yo aprendido de otras relaciones no tan compatibles? ¡Claro! Solo que yo no sabía que hay otra forma que no sea dándome de frente en el muro de la incompatibilidad. Sobre todo porque hasta ese momento mi relación más importante había estado llena de actitudes y comportamientos violentos, manipuladores y abusivos. Enseguida te platico quién fue mi abusador durante gran parte de mi vida (y a veces aún lo es).

Gotitas de poliamor

¿Qué mensajes has recibido acerca de qué cosas te hacen crecer?

Haz una lista de momentos en los que has crecido a partir del gozo. ¿Quiénes estaban ahí? ¿Cómo lo viviste?

Identificando a mi abusador

Cuando inicié en el poliamor me topé con un artículo acerca de relaciones abusivas en *Polyamory Today*. Lo había visto en otras ocasiones, pero me rehusaba a leerlo porque asumí que el título no tenía nada que ver conmigo. Pensé *Yo conozco todos los focos rojos de una relación abusiva, no necesito leerlos de nuevo porque, si estuvieran presentes, ya me habría dado cuenta.* Aun así, lo leí y me encontré con esta frase de Inês Rôlo:

> Por años, viví con casi constante ansiedad, pensando que era normal vivir así porque estaba siendo poli y se suponía que ser poli era difícil. Cuando eres parte de una minoría, buscas una comunidad que te ayude. Mi comunidad era el *mainstream* poli de autoayuda. Me decía que siguiera intentándolo, que difícil era normal, que poli era un trabajo muy duro, ya sabes, como un empleo.

El artículo se llama "I Was in an Abusive Polyamorous Relationship for 7 Years" ("Estuve en una relación poliamorosa y abusiva durante siete años"). La primera parte de la cita de arriba resonó tanto con lo que estaba experimentando que me dejó frío. Llevaba meses viviendo ansioso, estresado y en constante conflicto. ¡Pero yo creía que eso era normal! ¿No? Como experto en poliamor y relaciones no monógamas soy una biblioteca andante de teoría y herramientas para resolver este tipo de situaciones. Cada crisis me llevaba a investigar más, aprender más, crecer más. Entonces ¿qué estaba pasando? Esto es lo que yo he aprendido.

Antes de seguir debo aclarar que no, ninguna de mis relaciones de pareja actuales es con una persona abusiva. Y eso fue lo que no me permitía darme cuenta del problema real que estaba viviendo, porque mis parejas son personas amorosas, compasivas y éticas.

Pues *hola, soy yo, el problema era yo*. El abuso venía de mí hacia mí.

Toda mi vida he sufrido de ansiedad y cierto grado de paranoia. Para atenderme he estado en procesos psicoterapéuticos en los que he aprendido a vivir con eso y a seguir adelante. Tiendo a trabajar hasta estar agotado y a mantener mi calendario lleno de actividades todos los días. Mi pareja me dice bromeando cuando le comento que quiero tomar alguna clase: "Puedes agendarla en tu tiempo libre, creo que tienes un par de horas entre la 1 y las 3 de la mañana".

Cuando empecé a explorar el poliamor con Marco, llevábamos poco más de cinco años juntos. Esa relación estaba basada en la comunicación, el amor, el cuidado, la confianza y la complicidad. Yo siempre decía que no era una relación de cuento de hadas, sino de libro de texto de cómo tener una relación sana y nutritiva. Mucha gente pensaba al ver nuestras redes sociales que no era posible que fuéramos así de felices en la vida real. Pero sí éramos así. Siempre.

El poliamor, debido a lo que requiere, siempre encuentra las pequeñas grietas y las ideas fosilizadas y las expone. Hay que redefinir lo que es una relación

afectiva, el compromiso, la intimidad y la fidelidad. Es necesario explorar tus inseguridades y hacer frente a tus más atemorizantes demonios. Pero yo, psicólogo y hombre extraordinario, estaba dispuesto y preparado, porque cuando decido que voy a hacer algo, lo hago, cueste lo que cueste.

Ese fue mi primer error: estar dispuesto a pagar cualquier precio.

Gotitas de poliamor

¿Te identificas con algo de esto? ¿Crees que en algún momento has abusado de ti mismo?

¿Eres parte de alguna minoría?
¿Cómo te ha afectado eso al buscar una comunidad?

¿Quiénes son parte de tu comunidad?

Actitudes de abuso

Por supuesto, la transición implicó muchos cambios y mucho esfuerzo de mi pareja y mío. Ambos motivados, confiados y amándonos como cuando nos conocimos, nos lanzamos al ruedo. Yo, siendo el académico y ñoño que siempre he sido, me di a la tarea de leer, conocer e investigar todo lo posible para estar mejor preparados. Me aseguré de tratar a mi pareja con toda la ética que soy capaz de manejar. Tomé mis creencias rígidas y me forcé a flexibilizarlas. Encontré todo aquello que, desde la teoría, no cabe en el poliamor y lo desterré de mí.

El proceso fue así: encontrar en mi ser algo que yo consideraba que generaba conflicto (como los celos), deconstruirlo para hallar la inseguridad base (miedo al abandono) y buscar la forma de trabajarlo. Al empezar a hacerlo, llegué a un lugar de oscuridad y terror muy profundo. Hubo días en los que lloré de desesperación, diciéndome a mí mismo que es lo que tenía que hacerse; era necesario cruzar el bosque para llegar al claro. Me arrastré mientras escuchaba a mi cuerpo rogar que me detuviera. *No es una opción*, me dije, *lo vas a hacer porque se tiene que hacer.* **Pero ser experto no te hace invulnerable.**

En mi historia he sobrevivido situaciones de abuso y dolor. En mi cabeza, me convencí de que cada una de ellas me había hecho el hombre fuerte, resiliente, admirable y capaz que soy hoy. Por lo tanto, para mí era obvio que este era solo uno más de esos retos. En algún momento eso de mí que no me gustaba iba a morirse para dejar terreno fértil para que algo nuevo surgiera. Entonces leí esta otra frase en el artículo de Inês Rôlo:

> No sabía que el dolor siempre es una advertencia. Nuestros cuerpos y nuestros sentimientos saben qué onda antes que nosotros. Aun si nuestros cerebros nos convencen de otra cosa. Poner atención a lo que siento fue una de las lecciones más grandes que aprendí.

Como psicoterapeuta Gestalt, estoy muy consciente de mis emociones y sentimientos. Soy capaz de identificarlos, verlos, abrazarlos y vivirlos. En mi práctica profesional puedo ayudar a otros a ponerse atención y atender sus necesidades. **He aprendido que no hay personas tóxicas, sino relaciones tóxicas.** Como dice la autora, esos conocimientos me daban un sentido falso de seguridad. Lo imagino como un entrenador en el gimnasio haciendo ejercicio y pensando que no hay forma de que se lastime con algún aparato porque los conoce perfectamente bien.

Cuando me sentía triste, solo, temeroso y abandonado, simplemente me decía a mí mismo que era normal. Todo estaba en mi cabeza y debía simplemente quedarme ahí y vivirlo. Sobrevivirlo. Cuando esté del otro lado, todo estará mejor. Y, ¿sabes qué? Sí pasó. Después de cada crisis, me sentía un poco más fuerte. Mi conclusión fue, entonces, que estaba haciendo lo correcto. Simplemente estaba creciendo.

Gotitas de poliamor

¿Qué tan normalizado tienes el dolor?

¿Cómo identificas que algo te está haciendo daño?

¿Te has sentido invulnerable por saber de algún tema?

¿Consideras que la gente te piensa invulnerable a alguna situación por tu área de trabajo o estudio? ¿Cómo es eso para ti?

Mi abusador era yo

Y ahí estuvieron los focos rojos todo el tiempo. Al leer el artículo de Inês, me di cuenta de eso. ¿Por qué no lo vi? ¿Cómo es que un experto como yo no pudo ver los claros signos de una relación abusiva?

Nunca me perdoné ningún error. Siempre que recaí en algún sentimiento o idea que me parecían inaceptables, me reproché sin piedad. Cuando me encontraba con una situación nueva que sentía que era demasiado abrumadora, me forcé a pasar por ella y a vivirla. Cuando mi cuerpo me reclamaba y me gritaba, tensando músculos, subiendo mi presión arterial, enfermándose, me decía a mí mismo que simplemente tenía que ser más fuerte. Me aislé de mis círculos sociales porque todo mi tiempo debía estar dedicado a trabajar aquello que me es difícil hacer. Protegí a todos los involucrados para evitar que sintieran incomodidad o dolor, aunque eso implicara sacrificar mi seguridad e integridad emocional. ¿Qué más señales de una relación abusiva necesitaba?

Peor aún: utilicé todas esas herramientas para tener una relación sana en mi contra. En lugar de ver mis emociones y ser compasivo conmigo mismo, las escrudiñé hasta agotarme y ya no querer más. Me obligué a deconstruir todo lo deconstruible inmediata y simultáneamente, sin importar el cansancio y el dolor que eso causaba. ¿Dónde estaba ese discurso de compasión que se me da tan bien cuando hablo de los demás?

Por si fuera poco, me percaté de cuántas veces me había hecho *gaslighting* yo solito. Rechazar cumplidos, diciéndome que todo el mundo me miente y realmente no soy tan bueno como me perciben; decirme que no importa cuánto me esfuerce, nunca seré suficiente; considerarme un fraude a pesar del reconocimiento y éxito que tengo; y, por supuesto, la voz constante en mi cabeza cuestionando si las personas que dicen amarme realmente lo hacen o solo están esperando a abandonarme.

¿Realmente era de sorprenderse que viviera en constante ansiedad? Una de las características de una relación abusiva es sentir que estás caminando sobre un campo minado. Y mi abusador (yo) se encargaba de recordarme que había muchas minas plantadas en mi camino y que pisarlas haría un daño irreparable, pero se rehusaba a decirme dónde estaban.

> ***Gaslighting*: Estrategia de manipulación donde una persona utiliza mentiras y engaños para hacerle creer a la otra persona que su percepción de la realidad está equivocada, con el objetivo de obtener lo que quiere. Viene de la película llamada así donde un hombre se la pasa bajando las luces de gas (por eso el nombre) de la casa, diciéndole a su esposa que no estaba sucediendo cuando ella se daba cuenta, al punto de lograr que otras personas participaran en el engaño, hasta que la esposa duda de su realidad.**

Que alguien mienta, se equivoque o recuerde de forma diferente algún hecho NO es *gaslighting*. El *gaslighting* es un proceso constante, que toma tiempo y es intencional.

Si alguien más me hiciera lo que yo me he hecho en los últimos meses, no hubiera dudado un segundo en defenderme y huir. Si alguien tratara a alguna de mis parejas como me trato yo a mí mismo, me rompería el corazón.

¿Qué se hace con un abusador?

- Dejarlo.
  Es difícil porque un abusador nos hace creer que necesitamos de él para sobrevivir. Al estar impregnado en todas las áreas de nuestra vida, no solo es dejarlo a él sino modificar todo lo que sabemos y conocemos. A veces parece que es más fácil seguir viviendo el dolor que empezar de nuevo.
- No hacerlo solo.
  Ya que se ha identificado esta situación, es importante rodearte de gente que te nutra, te ame y tenga tu bienestar como prioridad. Te ayudará a tomar energía y sentirte fuerte para escapar en el momento correcto.

¿Ven cómo sí sé cosas? La cosa es que no puedo dejarme a mí mismo, ¿o sí?

Gotitas de poliamor

¿Cómo es tu relación contigo?

¿Te has hecho *gaslighting* a ti mismo?

¿Quiénes a tu alrededor te perciben como alguien amoroso, compasivo o empático? ¿Les crees?

No todo lo que duele te lastima

Cuando haces ejercicio, hay un cierto malestar que acompaña el crecimiento de tus músculos. No es cómodo y no siempre es placentero. De hecho, cuando trabajas algo completamente nuevo, al siguiente día no puedes ni moverte. Sin embargo, sabes que lo estás haciendo mal cuando te lastimas y duele.

El dolor y la incomodidad son diferentes. Es difícil explicarlo, pero creo que es algo que percibimos y sabemos naturalmente. Si doblas una articulación hacia un ángulo para el cual no está diseñada, sientes un dolor diferente. Si estás haciendo ejercicio y te lastimas un músculo, se siente distinto al dolor de trabajarlo. Mi cuerpo sabe la diferencia. Mi cuerpo me avisa. El que no escucha soy yo.

¿El problema es el poliamor? No. Siempre he abusado de mí mismo. Solo que ahora lo veo más claro porque las relaciones afectivas son mi área de especialidad. El poliamor trae retos por sí mismo y va a exponer aquellos que existían en la relación monógama, haciendo imposible ignorarlos. Llevar una relación poliamorosa funcional requiere mucha responsabilidad y consciencia de mis sentimientos, mis acciones, mis necesidades y cómo afecto a la otra persona. Aplicándolo a mi vínculo conmigo, me di cuenta de que si tuviera un vínculo como yo, la única palabra para describirlo sería: violento. Así que esto sucedía, aunque tuviera un vínculo, dos o ninguno, porque no era acerca de ellos. Era acerca de mí.

Crecer incomoda, no duele

Cuando termino una relación, trato de reflexionar acerca de qué fue gozoso y qué fue doloroso para mí. Para asegurarme de no caer en un lugar de víctima impotente, me enfoco también en cuál fue mi responsabilidad en esos conflictos (más acerca de esto en el capítulo 9).

Ahora, quiero nuevamente hacer hincapié en que una víctima NUNCA es responsable del dolor, abuso o violencia que recibe. Hacer esta exploración de mi relación también me ayuda a identificar si fui víctima de algo así. Por ejemplo, tuve una relación donde la persona había logrado aislarme de mis amigos y red de apoyo, después usando críticas y humillaciones para hacerme dudar de mí mismo y ser más fácil de manipular. En ese momento yo ya no tenía agencia que usar contra él. En esos casos, lo que necesitas no es usar tu agencia para intentar poner límites, sino usarla para pedir ayuda.

Betty Martin, en su libro *The Art of Receiving and Giving*, tiene una explicación que me gusta mucho para entender la zona de confort y cómo vamos expandiendo nuestras fronteras. Te lo ejemplifico con cómo empecé yo en el poliamor.

Imagina un círculo conmigo en el centro, donde el círculo está enmarcando mi zona de confort en mi relación con Marco. Todo lo que pasa detrás de esa línea es algo que puedo manejar y hasta me gusta. Eso puede incluir convivir, tener sexo, salir con amigos, tanto juntos como cada quien por su lado, hasta tener conflictos de la vida diaria. Cada que surge algo nuevo, va a requerir que mi frontera se estire un poquito. Por ejemplo, la primera vez que nos abrimos a explorar sexualmente con otras personas, estando juntos, aquello no estaba dentro de mi círculo. Para llegar ahí, empujé la línea para hacer espacio y dar el paso a un nuevo lugar. La primera vez fue dar ese paso y regresar inmediatamente al círculo para ver cómo nos sentíamos. La segunda siguió siendo incómodo, pero esa frontera ya había sido movida antes y fue un poquito más fácil. Mi cerebro tenía al menos una experiencia de que esa parte de mi mundo podría estirarse así sin consecuencias catastróficas. Hicimos esto hasta que un día el círculo ya se había expandido para incluir ese nuevo territorio, por lo que ya no era una aventura, sino una nueva área a incluir en mi vida.

Ahora, en la historia que te conté entre Marco, Simón y yo, no fui tan afortunado. Al no saber hacerlo diferente, mis expectativas de cómo yo tenía que manejarlo eran estratosféricas. En lugar de dar pequeños pasos, fue como tomar la frontera de mi zona de confort y empujarla con esfuerzo y dolor, obligándola a estirarse mucho más de lo que jamás lo había hecho.

¿Alguna vez has intentado algo así? ¿Qué pasa si tomas algo elástico y lo estiras rápidamente, con mucha tensión hasta su límite? Pueden pasar dos cosas: tal vez te canses y sueltes alguno de los dos lados, con lo que el elástico se contraerá para regresar a su forma original muy violentamente y te dará un muy intenso y doloroso golpe. La otra opción es que se rompa (también lastimándote cuando los pedazos regresen como un látigo a tus dedos).

La alternativa es estirar un poco, sabiendo que es incómodo, pero atento a que no lastime. Al llegar al límite antes de que haga daño, quedarse ahí un tiempo, descansar y luego intentarlo de nuevo. Poco a poco la frontera empezará a extenderse hasta hacerse parte de tu territorio.

Gotitas de poliamor

¿Cómo identificas lo que te duele y lo diferencias de lo que te incomoda?

Piensa en tus relaciones anteriores. Haz una lista de experiencias que te hayan ayudado a crecer, a pesar de incomodarte y otras que únicamente te hayan lastimado. ¿Cómo puedes identificarlas en el futuro?

5

¿Lo quieres o lo necesitas?

¿VISTE *INSIDE OUT* (*INTENSAMENTE*), la película de Disney donde tus emociones tienen emociones y viven una aventura en tu cabeza? Bueno, si no la has visto te voy a hacer un gran *spoiler*: la villana de la película es nada más y nada menos que la alegría. Este personaje amarillo que desborda energía y sonrisas está empeñada en que la persona que habita no sienta nada más que felicidad. Insiste tanto en esto, que termina poniendo en peligro la integridad de la niña.

Nuestra sociedad tiene el mismo problema. Nos enseñan que hay emociones "positivas" y "negativas". Las "positivas" como la alegría y el afecto son ensalzadas en todos los medios, todos los productos que nos venden vienen acompañados de una buena dosis de cualquiera de estas dos. Por otro lado, las emociones "negativas" como el miedo, la tristeza, el enojo y la culpa son malas, despreciables, propias de gente débil e inadaptada que necesita terapia, medicamento o un Snickers.

No hay emociones negativas

Como consecuencia de esto, aprendemos a juzgarnos constantemente cuando alguna de estas emociones "negativas" aparece. Nos castigamos y nos forzamos a pretender que no pasa nada, mostrando solo las emociones aceptables. Son emociones desagradables, no negativas.

El dolor, por más desagradable que sea, tiene una función. Por ejemplo, hace un año yo tuve molestias en una muela, pero no les puse mucha atención. *Es solo un poquito de dolor, ahorita se me quita*, pensé. ¡Qué sorpresa me llevé hace un par de meses cuando el dentista me dijo que ya tenía que quitarme el nervio de mi muelita! En cuestiones emocionales es algo similar. Estamos tan acostumbrados a no hacerle caso a esas emociones "negativas", que las dejamos pasar, negando que nos sentimos tristes o enojados, hasta que llega el día que explotamos o el conflicto escala a mayores.

Si me duele la muela es porque mi cuerpo me está avisando que hay algo que no anda del todo bien. Cuando inmediatamente me tomo un analgésico para dejar de sentir estoy ignorando lo que mi cuerpo me dice. Y si no le puse atención, llegaré con el dentista (terapeuta) y le diré: "Me duele algo, pero no sé dónde, ni cómo, pero bueno, arréglame en una sesión". Si me quedo un poco y le hago caso, podré atender el problema desde la raíz; entonces no es que sean negativas, solo son desagradables.

Gotitas de poliamor

¿Qué mensajes has recibido acerca de emociones como el miedo, la tristeza, el enojo y la vergüenza? ¿De dónde vienen?

¿Cómo acompañas a otras personas cuando sienten esas emociones?

¿Cómo necesitas ser acompañado tú?

Intenta hacer ese ejercicio. Piensa en una experiencia en la que hayas sentido esas emociones e identifica qué sensaciones hay en tu cuerpo.

Las funciones de las emociones

Myriam Muñoz, la directora del Instituto Humanista de Psicoterapia Gestalt, habla de cinco emociones básicas y con funciones de supervivencia. Ella lo maneja con un práctico acrónimo: MATEA (miedo, alegría, tristeza, enojo y afecto).

Ahora, aquí hay un punto muy importante, muchos de nosotros estamos tan acostumbrados a ignorar estas emociones que, posiblemente, ni siquiera las identificamos cuando nos pasan. De pronto, a todo le decimos "ansiedad". Un tip para esto es empezar a identificar qué sensaciones acompañan a estas emociones, así podrás reconocerlas más fácilmente. Aquí te voy a explicar las funciones de las emociones desagradables y te daré un ejemplo de cómo YO las vivo (tal vez para ti sea algo distinto, pero puede servirte como primer punto de referencia).

Miedo

Hace un tiempo tomé mi primer viaje solo en carretera. Al llegar a la primera caseta, me di cuenta de que estaba tomada por hombres encapuchados que llevaban armas. Mi corazón se aceleró, sentí presión en el pecho y el estómago vacío. Mis manos hormigueaban y me sentí muy alerta. A eso yo le llamo miedo. El miedo tiene la función de protegerme de las amenazas. Me retiro, me cubro y hago lo que puedo para alejarme del peligro.

Tristeza

Hace poco más de un año, un vínculo decidió terminar su relación conmigo. Fue la primera vez que me pasó, ya que siempre había sido yo quien tomaba la decisión con mis parejas anteriores. Sentí mi pecho muy pesado, muy poca energía, mi respiración se hizo más lenta y profunda, no podía pensar con claridad y solo quería echarme al piso. A eso, yo le llamo tristeza. La tristeza tiene la función de retirarme y reconectar conmigo mismo. Atenderme y reencontrarme con lo que yo necesito.

Enojo

El otro día, sacando a mis perritos, salió un labrador (sin correa) de la nada y se le lanzó a uno de mis hermosos caninos. Me di cuenta de que el dueño era una persona que tiende a sacar a su perro sin correa y recordé que mi pareja me comentó que ya había atacado a uno de los nuestros anteriormente. Mi cuerpo se llenó de energía, empecé a temblar, mi mandíbula y mis puños se tensaron y sentí fuego en mi interior. A eso, yo le llamo enojo. El enojo tiene la función de defenderme. A diferencia del miedo, el enojo me lleva a enfrentar y atacar. Es la emoción que me ama y no va a permitir que me hagan daño. Además, el enojo es quien sale cuando mis emociones blanditas y vulnerables (tristeza y miedo) no están en un lugar seguro.

Por otro lado, las emociones agradables están ahí para más que solamente hacernos sentir "bonito".

Alegría

En una reunión con mi familia elegida, estuvimos jugando un juego de video muy competitivo, pero también muy absurdo. Hubo un momento en el que noté que todos estábamos riéndonos y disfrutando mucho el juego. Sentí una gran sonrisa dibujarse en mi cara, mucha energía recorrer mi cuerpo, un cosquilleo muy agradable en mi estómago y mi respiración se volvió más profunda.

El mensaje que me manda es "A mí me gusta mucho de eso, quiero más". Pensándolo en términos evolutivos, aquellas actividades que me dan placer están relacionadas con autopreservación, pertenencia y conexión. Entonces me lleva a activarme y sentir más energía para ir por eso que quiero.

Afecto

Al llegar a casa, mi perrito Woofers me recibe agitando su colita como helicóptero, saltando y moviéndose de un lado a otro. Cuando lo veo, siento un calorcito muy agradable en mi pecho, mi respiración se hace muy profunda, siento tranquilidad y, al mismo tiempo, deseo de acercarme.

El mensaje del afecto es "Quiero conectar". Es como un imán que me jala hacia una conexión y tiene muchas variantes, puede ser algo romántico, platónico, filial (de familia) o hasta hacia mí mismo.

El afecto y el amor no son lo mismo. El afecto es una emoción básica que no podemos controlar, mientras que el amor es la decisión de construir algo con alguien.

No puedo poner límites si no sé qué necesito

¿De qué me sirve saber esto? Cuando identifico lo que estoy sintiendo, puedo ver la necesidad que hay detrás y atenderla. Si siento miedo de que mi pareja salga con alguien porque puede olvidarse de mí, sé que necesito seguridad y puedo pedirla así. Si siento enojo por la misma situación, estoy intentando proteger algo entre nosotros. Al identificar la necesidad detrás de la emoción desagradable, puedo enfocarme en satisfacer y pedir eso que requiero, en lugar de pelear y buscar dejar de "sentirme mal".

Ejemplo: Alfredo sabe que Beto va a salir a cenar con su ex, con quien tuvo una relación importante y siguen siendo cercanos. Alfredo siente que su mandíbula se aprieta, su respiración se agita y empieza a pensar *¿Y como para qué va con ella si me tiene a mí? Además, ¡ya sabe que me molesta! ¿Que no le importo?* Con cada pensamiento, sus sensaciones se intensifican. Alfredo repite en su mente *No te puedes poner así, eso está mal y es supertóxico, tú solo sonríe y deja que pase*, pero no funciona. De hecho, eso solo aviva su malestar.

Alfredo se da cuenta de que siente enojo (o hasta furia) y va a decirle a Beto que es un desgraciado por ser tan inconsciente y desinteresado... Bueno, eso quiere hacer. Su cuerpo le dice que se mueva y haga exactamente eso, aunque algo más le dicta que eso no le hará sentirse mejor. Alfredo recuerda este capítulo y piensa que su enojo está tratando de proteger algo. *¿Qué es ese algo?* En su caso, se da cuenta de que siente que su relación está siendo amenazada por esta situación y quiere protegerla con uñas y dientes. Va con Beto y le dice: "Siento enojo por saber que irás a ver a tu ex. Este enojo es porque siento que amenaza mi relación contigo, que es algo muy importante para mí. Me doy cuenta de que necesito sentir que nuestra relación está protegida y segura. ¿Podrías ayudarme a sentir que es así antes de que vayas? No sé con certeza cómo hacer eso, pero me gustaría que pudiéramos explorar alguna alternativa".

A todo esto, algunos de ustedes dirán: "Ay, nadie habla así". ¿No te gustaría a ti estar en una relación donde se hablara así? No es fácil y no es rápido.

Desaprender a reaccionar visceralmente, reprimir emociones, castigarnos y juzgarnos, todo eso toma mucho trabajo. Sin embargo, no es imposible. Ya que empiezas a identificar estas emociones, puedes llegar a acuerdos que tengan en cuenta las necesidades de todas las personas involucradas y establecer límites firmes y amorosos que te protejan.

6

¿Reglas o acuerdos?

PUEDES, PERO ¿QUIERES? es una pregunta aparentemente muy sencilla; sin embargo, es la razón por la que estoy escribiendo este libro.

Di clases a estudiantes desde primaria hasta universidad por 17 años y gran parte de mi enfoque estaba en ayudarles a tomar responsabilidad, y por lo tanto poder, tanto de sus decisiones como de su vida. Una de las primeras cosas que hacía era hablar acerca de la disciplina, dejando claro que yo no impondría reglas en mi salón de clases. Esto siempre fue recibido con una mezcla de confusión, alivio y algo de emoción por pensar que podrían hacer "lo que quisieran".

Mi razón principal para ello era cómo se dictan las reglas: "No puedes comer en el salón", "No puedes ir al baño durante un examen", "No puedes traer chamarras que no sean del uniforme", etcétera, porque la realidad es que definitivamente podían hacer esas cosas. La regla más bien debería ser "Si comes en el salón, la consecuencia es esta". Parece un pequeño cambio, pero al verlo así yo puedo decidir si estoy dispuesto a pagar la consecuencia por lo que hago.

Pasemos a un ejemplo tal vez más relevante. Imagina que le digo a mi pareja que si le manda mensaje a su ex tendrá que dormir en el sillón. Un día él va por un par de almohadas y una sábana y las deja en la sala. Cuando le pregunto qué hace, me dice: "Quiero mandarle mensaje a mi ex, así que hoy dormiré en el sillón".

Yo me frustraría mucho y mi primera reacción sería: "¡Ahora resulta que te quieres hacer el listo!". Sin embargo, la realidad es que, aunque está rompiendo la regla, está dispuesto a pagar las consecuencias. Esa es una de las razones por las que yo no tengo reglas en mi salón, tampoco en mis relaciones, porque realmente, aunque ponga reglas, puedes romperlas, pero ¿quieres?

Las reglas son tóxicas

Empecé con el ejemplo del colegio porque creo que es algo con lo que muchos podemos identificarnos. Una cosa que siempre me ha parecido confusa es cómo las reglas no están directamente relacionadas con las consecuencias. Si hablo en clase y me quitas un punto en matemáticas, el problema no son las matemáticas sino mi disciplina, ¿por qué recibo castigo en un área que no tiene que ver con mi comportamiento?

Lo más lógico sería encontrar un castigo relacionado con la falta. Si estás hablando en clase, tendría más sentido alejarte de otros compañeros. Algo que por supuesto no funciona porque los niños siempre encuentran la forma de distraerse. Nuevamente, el castigo no cambiará en verdad la conducta. Entonces ¿qué haces? La respuesta es sencilla: tengo que buscar algo que te duela, te importe o te haga daño para asegurarme de que actúes como yo quiero.

> **Regla: Una condición que tiene como objetivo controlar o limitar el comportamiento de otra persona. Romperla implica un castigo, por lo que se necesita tener poder sobre la otra persona.**

Regresemos al ejemplo de mandarle mensaje al ex. Al ver que mi pareja está cómoda con dormir en el sillón, mi regla no está funcionando como yo quiero (no está controlando ni cambiando su comportamiento). Lo que probablemente sucedería después es que yo buscaré algo que realmente le duela. Tal vez lo amenace con no tener sexo, hablarle yo también a mi ex como venganza o hasta terminar nuestra relación.

Aquí quiero hacer una pausa y llevar tu atención a lo que está sucediendo. En este momento, el conflicto no está en cómo sentirnos y llevarnos mejor, sino en buscar cómo hacerle daño a la otra persona.

En el mejor de los casos, las personas que empiezan la relación se sientan a platicar y discutir cuáles serán las reglas. Aunque lo más común es que se guíen por el "sentido común" o lo que *debería ser*. Y de ahí surgen muchos muchos problemas de comunicación.

Según yo, para evitar esto en mis primeras relaciones, cuando decidíamos "formalizar", yo le pedía a mi pareja que definiéramos las "reglas del juego". Por supuesto, por mi naturaleza autista y peculiar, las escribía para que no saliéramos con "Ay, es que se me olvidó". **Las reglas vienen del miedo y están enfocadas en evitar que algo suceda, por lo que generalmente son prohibiciones.** Partimos de aquello que amenaza nuestra seguridad como que alguno de los dos fuera a enamorarse de alguien más y terminar la relación, lo que se traducía en "No podemos acostarnos o ligar con nadie más". Y aquí entramos en un tema escabroso: si mi pareja me es infiel, ¿me quedo o me voy?

El mundo dice: "Si te puso el cuerno, déjalo inmediatamente o quiere decir que no te amas". Básicamente, si te quedas, mereces sufrir. Pero ¿cuánta gente realmente aplica el límite rígido de irse inmediatamente?

Tú NUNCA mereces sufrir. Repítelo en voz alta: "Yo no merezco sufrir".

Y aunque esa es muy común y hasta un requisito en la monogamia tradicional, no todas las reglas son tan sencillas.

Por ejemplo, el tema de los exes es algo que genera mucho conflicto y tiende a ser arreglado con una prohibición: "No puedes tener contacto con tu ex". Sin embargo, no me ha tocado que alguien diga qué pasará si sí lo hago. Básicamente se queda en un "¡Nomás me entero de que le hablaste a tu ex y verás!". ¿Qué voy a ver? ¿Tu enojo? ¿Tristeza? Se vuelve una amenaza vacía que genera más ansiedad, en lugar de apaciguar el miedo. Cuando suceda (porque no somos perfectos y alguien algún día se va a equivocar), no sabré cómo actuar más allá de sentir dolor, tristeza, enojo, decepción o desesperanza.

Además, esto cierra la comunicación y nos vuelve jueces el uno del otro. A partir de esto voy a vigilarte constantemente, preparándome para lo peor. Por lo tanto, las reglas mantienen mis ojos en aquello que me da miedo en mi relación, buscan controlar a la otra persona para que no haga algo que me dañe y establecen un castigo basado en hacerle daño a la otra persona.

Aquí te preguntarás: "¿Entonces qué, Jaime? ¿Que cada quien haga lo que quiera?". Eso solo se vuelve un problema si asumes que lo que tu pareja quiere es hacerte daño. O tal vez no confías en que tendrá tu bienestar en mente.

Problemas comunes con las reglas

Quiero regresar al concepto de agencia (tu capacidad de actuar), considerando que las reglas tienen el objetivo de limitar tu agencia. Sin embargo, para que esto suceda es necesario tener poder sobre la otra persona, de otro modo no hay forma de que yo realmente pueda controlarla. Las leyes funcionan porque el gobierno tiene poder sobre nosotros, al punto de que puede despojarnos completamente de nuestra libertad. Esa consecuencia es lo suficientemente dolorosa para que la mayoría lo pensemos antes de cometer alguna transgresión. Sin embargo, en una relación el ideal es que haya un balance de poder. De otro modo, no estaríamos hablando de una relación romántica, sino de una relación abusiva.

> **Relación abusiva: Aquella donde una persona utiliza poder económico, psicológico, emocional, sexual, social o de cualquier otro tipo para que otra persona le obedezca.**

Entonces para que una regla sea efectiva, necesito tener poder sobre ti para suprimir tu agencia. Siguiendo mi modelo de relaciones éticas, esto iría en contra de uno de mis valores esenciales: la libertad (ver los pilares de una relación ética en el capítulo 2).

En mi experiencia, he visto que la principal razón por la cual tendemos tanto a poner reglas es el miedo a que mi pareja "haga lo que quiera". Por alguna razón, asumimos inmediatamente que lo que nuestra pareja quiere es hacernos daño o que tendrá tan poca consideración hacia nosotros que no le importará el efecto de sus acciones. Pero si es así, ¿por qué estás con alguien que consideras que quiere hacerte daño intencionalmente?

Sucede que socialmente estamos entrenados a resignarnos al dolor que nos causan los demás. La reacción aceptable es reclamar, enojarnos, atacar o alejarnos. Por ejemplo, si saliste con tus amigos y llegaste más tarde de lo que prometiste, me gano el poder de reclamarte, enojarme y esperar que te arrepientas y te disculpes. Por lo tanto, surge un efecto en cadena donde, al no tener agencia, se vuelve difícil ser honesto, por lo que no confío en tu consentimiento y estaré pensando si vas a traicionarme o no.

¿Por qué lo hacemos entonces? Poner una regla es un proceso muy sencillo y rápido. Me ahorro una discusión y sobre todo sentirme vulnerable.

Los problemas más comunes que esto genera son:

- Términos vagos o implícitos.
  - Cuando asumimos que la otra persona entenderá lo que nos hace daño por "sentido común", vamos a toparnos con problemas de diferencias culturales, contextuales y hasta familiares.
- Castigos ineficientes.
  - Establecer consecuencias que son dolorosas solo por causar dolor, sin ningún objetivo. Al no establecer comunicación y entendimiento, puede ser que simplemente se busque una forma de evitar ser descubierto, no de mantener la regla.

- Reglas estáticas para relaciones cambiantes.
  - Tal vez al principio de nuestra relación para mí era muy cómodo tener la regla de no hablar con gente con quienes hubiéramos salido antes. Pero ¿qué tal que un día termina siendo mi colega o compañero en algún grupo? Sobre todo ¿qué tal que ya no me molesta que mi pareja le hable, pero me apego a que "ya hay una regla"?
- Obstáculo para crecer.
  - Las reglas pueden cuidarme de situaciones que me hagan daño, pero también pueden ser un obstáculo para conocer nuevas partes de mí y de mi relación. Para esto hay que entender la diferencia entre aquello que nos duele y lo que nos incomoda. Una regla demasiado rígida que no es revisada puede dejarme atorado en un lugar donde realmente no quiero estar.

Y todo esto solo porque no quiero que mi pareja "haga lo que quiera". Pero ¿qué tal que dejamos de asumir que nuestra pareja va a ignorar cómo nos sentimos?

Gotitas de poliamor

¿Cómo aprendiste las reglas
de las relaciones románticas?

¿Qué castigos has puesto? ¿Te han funcionado?

¿Cómo ves estos problemas en tus relaciones?
Piensa en algunos ejemplos de términos vagos, castigos ineficientes, reglas estáticas y obstáculos para crecer.

Nunca mereces sufrir.
Repítelo unas cuantas veces más.

Los acuerdos como puentes entre nuestros mundos

Una de las principales razones por las cuales incluyo la compasión como parte de mi modelo de relaciones éticas es precisamente para evitar situaciones como aquella. Mi historia, las heridas que se han abierto a partir de decepciones y conflictos en relaciones pasadas y, por supuesto, los errores que cometemos, todo eso lleva a mi cerebro a estar alerta y temer por mi bienestar. Como te platiqué en el capítulo 1, fisiológicamente tenemos la misma respuesta al abandono y al miedo a la muerte.

Recuerda que lo más importante para mi cerebro es que yo sobreviva. Ser feliz o no es algo que viene después.

Iniciar una relación siempre implicará riesgos por el simple hecho de que me estoy vulnerando ante otra persona. Como comenté anteriormente, se trata de decidir construir un planeta nuevo, conectando el mío y llevando cosas esenciales para mí, sabiendo que en cualquier momento eso puede explotar y generar nuevos y dolorosos cráteres en mi mundo.

Imagina que comienzo una relación con alguien nuevo y empezamos a construir nuestro planeta en común. Yo quiero llevar a mi perro al planeta nuevo pero mi pareja trae un letrero que dice: “Se prohíben los perros”. Si esto fuera una regla, entonces habría castigos por tener perro en nuestro planeta y eso puede llevarme a esconder al perro, a pelearme porque “no debería tener esa regla” o a romper parte del puente que nos conecta, generando resentimiento de ambos lados.

Sin embargo, ¿qué tal que te pregunto qué no te gusta de los perros? Ahora pensemos que me dices que te desespera que los perros estén ladrando. Ahí tenemos una oportunidad para negociar y generar un acuerdo.

Fíjate cómo no pregunto “por qué”. No estoy cuestionando lo que me dices, sino que uso preguntas para conocer más y entenderte mejor.

Características de un acuerdo

Retomemos la situación de que quiero llevar a mi perro a nuestro planeta, sabiendo ahora que lo que te molesta son los ladridos.

Yo puedo tener varias propuestas:

- Entrenaré a mi perro para que no ladre antes de llevarlo a nuestro planeta.
- Mi perro solo estará en nuestro planeta cuando tú no estés.
- Te invito a mi planeta para que conozcas a mi perro y sepas qué lo hace ladrar.

En todos esos casos, estoy atendiendo lo que te molesta directamente (el ladrido del perro) y no la situación en general. Asumamos entonces que te gusta la idea de que entrene a mi perro para que no ladre. Tal vez te preguntes "¿Y si ladra?", "¿Qué tal que ahora me molestan sus patitas haciendo ruido cuando camina?", o hasta "¿Qué pasa si decido que no quiero al perro, aunque no ladre?". Esto genera mucho miedo al hacer acuerdos y es común ver cómo parejas se paralizan al no saber cómo responder a esas preguntas. Ayuda recordar que la principal característica de un acuerdo es que **requiere el consentimiento de la otra persona.**

Así que veamos cómo es esto en la práctica.

A. Los acuerdos deben ser EXPLÍCITOS

- Los acuerdos implícitos NO existen. Para que sea un acuerdo, necesita haberse hablado y las personas tienen que estar DE ACUERDO. Si no lo hablamos y lo hacemos, puede ser una presunción, hábito, tradición, ritual o hasta regla.
- Cuando haces un acuerdo, es importante que responda a las preguntas:
  - ¿Qué?
  - ¿Quién?
  - ¿Cómo?
  - ¿Cuándo?
  - ¿Dónde?

Ejemplo:

- Yo voy a entrenar al perro para que no ladre. Lo mantendré en casa mientras lo hago.
- Tú lavarás los trastes cuando hayamos terminado de comer y los pondrás en la alacena.
- Cuando quiera fumar, saldré a la calle y refrescaré mi aliento antes de besarte.

B. Los acuerdos deben ser LIBRES

- Primero quiero validar que decir "no" es muy difícil, particularmente porque nos venden la idea de "solo dilo y ya", como si no hubiera consecuencias por hacerlo.
- Al hacer un acuerdo, recuerda tomarte unos minutos para revisar:
  - ¿Siento confianza de que mi "no" será recibido y aceptado?

- ¿Hay alguna consecuencia que atente a mi integridad física, psicológica o emocional si digo "no"?
- ¿Estoy en capacidad de tomar decisiones (sin efectos de alcohol o drogas)?
- Si tu respuesta a alguna de esas preguntas es "no", es probable que tu consentimiento esté condicionado.

C. Los acuerdos deben ser INFORMADOS

- Solo puedes dar tu consentimiento si tienes toda la información esencial y necesaria. Por ejemplo, si hacemos planes de ir a ver una película probablemente necesito saber de qué tipo es. Tal vez yo no veo películas de terror o románticas.

D. Los acuerdos deben ser ESPECÍFICOS

- Si digo "sí" a algo, no quiere decir que incluye todo lo demás. Por ejemplo, dije que sí quiero ir a tu casa a ver una película, eso no quiere decir que estoy accediendo a tener sexo contigo.

E. Los acuerdos deben ser REVERSIBLES

- Como lo mencioné en el capítulo 2, puedes retirar tu consentimiento EN CUALQUIER MOMENTO. Sí, aunque:
  - Ya estén en la cama desnudos.
  - Te acabes de mudar con alguien.
  - Hayas decidido empezar una relación con alguien.
- La única razón que necesitas es que ya no estás cómodo con el acuerdo.

- Decir "no" a un acuerdo genera mucho estrés y controversia porque muchas personas sienten que ya no podrían confiar en la otra persona. ¿De qué sirve hacer promesas y acuerdos si te puedes retractar en cualquier momento?
- Por mucha seguridad que me brinde la certeza y que jures que nada cambiará, obligarte a que hagas algo en contra de tu voluntad rara vez me dará el resultado que quiero y necesito. Nuevamente: recuerda que puedes apoyarte en la compasión, considerando los sentimientos de la otra persona y cómo le afecta tu decisión.
- Por otro lado, el que mi consentimiento sea reversible no elimina mi responsabilidad de atender las consecuencias.

F. Los acuerdos deben ser ENTUSIASTAS

- Este es el punto que más me cuesta explicar porque pareciera que siempre tiene que darme mucha alegría para que realmente esté dando mi consentimiento.
- Es cierto que en muchas ocasiones de nuestra vida tendremos que hacer cosas que no nos encanten ya sea porque son parte de nuestro trabajo, se trata de cumplir alguna ley o hasta de quitarnos el cinturón en el área de seguridad del aeropuerto. ¿Me entusiasma hacer esto? No. Es muy molesto. Lo hago porque QUIERO mantener mi trabajo, QUIERO mantener mi libertad y QUIERO poder subirme al avión.
- Básicamente es poder cambiar del "debería" al "quiero". Te digo que te amo porque quiero, no porque

deberia; tengo exclusividad sexual contigo porque quiero, no porque debería; me mudo contigo porque quiero, no porque debería.

- Aquí dirás: "Jaime, ¿y si no quiero, pero lo hago para hacerle feliz?". En ese caso, tal vez no quieres hacer esa cosa en particular, pero quieres complacer a tu pareja. Ahí está el "quiero".

Gotitas de poliamor

¿Cuál es el trabajo principal de tu cerebro?

¿Qué áreas del consentimiento son novedosas para ti? ¿Cómo?

¿Cómo has vivido cada área del consentimiento en tus relaciones? (Explícito, libre, informado, específico, reversible y entusiasta).

¿Petición o exigencia?

Hace algunos años me reconocí como persona autista, además de ser diagnosticado con TDA. Ha sido de los momentos más esclarecedores de mi vida. Durante años yo supe que no era como las demás personas y que mi comunicación era inusual, pero no sabía por qué. Una característica como persona autista es que soy muy directo cuando digo lo que quiero o pido algo.
En lugar de decir el clásico: "Oye, si no es mucha molestia, cuando tengas tiempo, sería posible que tal vez pudieras acompañarme con mi familia, claro, si no tienes planes y si no es un problema para ti". Digo algo como "Quiero que me acompañes con mi familia, ¿quieres?".

La segunda manera generalmente obtiene una respuesta como "¡Qué grosero!", porque es muy "seco" o "mandón". Y esto genera una gran cantidad de problemas, sobre todo en cuestiones de consentimiento. Estamos tan enfocados en no molestar a nadie con nuestra existencia y le damos tantas vueltas a nuestras peticiones que tienden a quedarse enterradas en flores y palabras bonitas, al punto de que ni siquiera sé qué me estás pidiendo.

Tú puedes pedir ABSOLUTAMENTE LO QUE TÚ QUIERAS, siempre y cuando la otra persona se sienta lo suficientemente segura para decir "no".

Una petición sucede cuando yo te digo qué quiero y pido tu consentimiento que, como ya vimos, debe ser explícito, libre, entusiasta, específico, reversible e informado. Te pongo un ejemplo. Imagina que estamos tú y yo en un café y te digo: "Oye, quiero que me regales tu celular". ¿Qué me responderías? Lo más probable es que me digas "no". ¿Cambiaría tu respuesta si te dijera: "Oye, me gustaría mucho que me regalaras tu celular, si no es mucha molestia"? Probablemente no, pero aquí tal vez te sería más fácil. Sin embargo, ambas son la misma idea, solo que la segunda trae incluido el permiso a que me digas "no".

Ahora, ¿qué sucedería si después de tu "no" te digo algo como "Ay, ándale, si no lo haces, voy a dejarte de hablar"? En ese momento, lo que hice deja de ser una petición y se vuelve una demanda. Sin importar cuál de las dos versiones estés considerando, no importa con cuántas flores y palabras bonitas te hable, si no respeto tu "no", **no estoy haciendo una petición.**

La diferencia entre una petición y una exigencia es lo que pasa después de que digas "no". Si insisto, te amenazo, te agredo o rechazo a partir de que te niegues, entonces no era una petición.

El dilema que tiene estar debatiendo si hay que decirlo "bonito" o no es que no estamos enfocándonos en el problema real. ¿Qué tan seguro me siento de que puedo decirte "no"?

Cuando hacemos acuerdos, es esencial que estos sean *libres*, o sea que podamos decir "no". De otro modo, es posible que estemos siendo manipulados, coercionados o que estén abusando de nosotros a partir de un desequilibrio de poder.

Tips para tener acuerdos más éticos

Un acuerdo se vuelve ético cuando tiene en cuenta los valores de las personas involucradas, por lo que lo más importante es tenerlos claros. A pesar de esto, en mi experiencia personal y profesional me he encontrado con pequeñas estrategias que ayudan a prevenir problemas comunes al hacer acuerdos.

A. Elimina el plural

Un día llegué con mi pareja y le dije: "Necesitamos pasar más tiempo de calidad". Él me vio y respondió: "¡Pero pasamos mucho tiempo de calidad juntos!". De ahí surgió una discusión porque "cómo era posible que no le importara mi bienestar", mientras él decía que "yo era muy demandante y pedía demasiado". Cuando nos calmamos y lo platicamos de otro modo, le pregunté para él qué era tiempo de calidad, si lo único que hacíamos era sentarnos a ver la tele en la noche. Él me dijo que para él ese era un momento especial, ya que es algo que disfruta mucho y no hace con nadie más. Esta situación me abrió los ojos. Aunque yo estaba sintiendo que no pasábamos tiempo de calidad y él sí, ambas realidades eran ciertas. El dilema venía de pensar que necesitamos y queremos lo mismo. La solución fue cambiar mi petición al singular: "Yo necesito más tiempo de calidad". A partir de ahí, pude explicarle lo que para mí significa tiempo de calidad, sin asumir que pensamos lo mismo.

El plural es una forma de vernos como una unidad y puede ser una bonita forma de reafirmar nuestro vínculo. Según el Instituto Gottman, el uso del plural hacia afuera (con amigos, en reuniones, en redes) ayuda a sentir la pertenencia a la relación. Sin embargo, en cuestiones de necesidades, deseos y acuerdos, el plural **invisibiliza a la otra persona y diluye la responsabilidad.**

Te pongo un ejemplo de cada uno.

Invisibiliza a la otra persona:

Yo me siento incómodo porque siento que mi pareja y yo tenemos poca intimidad, así que decido hablarlo. Le digo: "Mi amor, *necesitamos* tener más intimidad". Él me ve con confusión y me dice que tenemos bastante intimidad. Al hablarlo más, me explica que, para él, intimidad incluye sentarnos a comer y platicar de cómo nos sentimos, algo que hacemos todos los días.

Eso es algo muy válido. Pero entonces ¿no debería sentirme así? Si le quitamos el plural quedaría "Mi amor, necesito más intimidad". Ahí la conversación se mueve hacia cómo se ve esa intimidad que yo necesito. Si me hubiera quedado en el plural y mi pareja hubiera accedido, yo estaría invalidando su necesidad y dejando a un lado que él sí está obteniendo lo que necesita.

Diluye responsabilidad:

Un ejemplo clásico de esto es cuando las parejas quieren hacer un cambio en una rutina en su relación, por ejemplo, comer "bien". Llegan al acuerdo de "Vamos a cocinar todos los días". Entonces sucede que no hay comida hecha y alguno de los dos reclama: "¿No que íbamos a cocinar?". A lo que la otra persona fácilmente puede decir: "Pues tú no hiciste nada" y de ahí caer en una espiral buscando de quién es la culpa.

Cuando lo pongo en singular queda "Voy a cocinar todos los días". Y si siento que es demasiado, el acuerdo puede ser "Voy a cocinar lunes, miércoles y viernes". Así está claro quién tiene la responsabilidad y cómo saber cuándo el acuerdo se ha cumplido.

B. No hagas acuerdos de cosas que no puedes controlar

Un acuerdo clásico que se pone en relaciones abiertas es "No vamos a enamorarnos de nadie". Y en mi experiencia, 10 de cada 10 veces una de las personas rompe ese acuerdo.

> **Relación abierta:** Una relación donde hay exclusividad romántica, pero apertura sexual. En otras palabras, podemos tener sexo con otras personas, ya sea juntos o por separado dependiendo de los acuerdos, pero no establecemos vínculos románticos (tener otras parejas). Frecuentemente se confunde con el poliamor, solo recuerda que en este último hay apertura romántica para tener otras parejas.

Eso no sucede porque una de las personas secretamente esté esperando para poder poner en marcha su plan malvado para traicionar a su pareja, sino porque es algo completamente nuevo.

Yo me considero una persona demisexual, por lo que abrir mi relación por primera vez fue muy difícil. No era únicamente abrir una *app* y agarrar al primer hombre barbón que respondiera a mi flamita, tendría que salir con él para al menos tomar un café y poder ver si sentía química. Sin embargo, la primera vez que lo hice fue con un amigo, yo no sabía cómo actuar y cuando terminamos, nos quedamos platicando. Me sentí cómodo, contento y seguro. Así que inmediatamente me levanté y me fui. ¿Eso era estarme enamorando? ¿Se supone que me debía sentir así de cómodo? ¿Estaba rompiendo un acuerdo?

Tú no puedes controlar tus emociones. Son reacciones involuntarias que van a depender del contexto.

Es muy común escuchar estas frases, aun en relaciones monógamas:

- *Te voy a decir algo, pero no te vayas a enojar.*
- *¿No que querías venir a este lugar? ¿Por qué no estás emocionado?*
- *¿Para qué hice de comer si no te gustó mi comida?*
- *Me dijiste que saldrías temprano del trabajo y ahora me sales con que tu jefe te pidió algo de última hora.*

Aunque no puedes controlar lo que sientes, sí puedes controlar lo que haces con lo que sientes.

- Frase: *Te voy a decir algo, pero no te vayas a enojar.*
  - Acuerdo: Si me enojo, tomaré un tiempo antes de contestar.
- Frase: *¿No que querías venir a este lugar? ¿Por qué no estás emocionado?*
  - Acuerdo: No prometo que voy a emocionarme. Puedo celebrar contigo y compartir tu emoción.

- Frase: *¿Para qué hice de comer si no te gustó mi comida?*
  - Acuerdo: No prometo que me gustará tu comida. Si no me gusta, te lo voy a agradecer y reconoceré el esfuerzo que hiciste.
- Frase: *Me dijiste que saldrías temprano del trabajo y ahora me sales con que tu jefe te pidió algo de última hora.*
  - Acuerdo: No prometo salir temprano del trabajo. Si sucede algo, te avisaré en cuanto sepa.

C. Asegúrate de estar hablando de lo mismo

Cuando cerré mi relación, acordé con mi pareja que no tendría sexo con otras personas y él estuvo de acuerdo en hacer lo mismo. Un día estando en un supermercado, me estaba enseñando videos en su teléfono cuando salió una notificación de mensaje, la foto era un hombre semidesnudo. Sentí como si una corriente eléctrica hubiera pasado por todo mi cuerpo. ¿Me estaba siendo infiel? ¿Debería decir algo o estaba exagerando?

Llegando al carro le pedí hablar nuevamente acerca de nuestro acuerdo. Le dije que para mí mandar *nudes* y el sexo virtual y por mensajes estaba incluido en exclusividad sexual; sin embargo, me había dado cuenta de que no lo platicamos así y quería retomarlo por la notificación que vi. Me dio miedo mencionarlo por pensar que podría sentirse atacado, así que dejé claro que, en caso de que lo hubiera hecho, no consideraría el acuerdo roto. Me dijo que él pensaba lo mismo y resultó ser un chat grupal con sus amigos donde tenían esa foto como portada.

Pareciera que "sexo" es algo obvio que no tendríamos que especificar, pero esa presunción genera más problemas de los que crees. ¡Mucho más en relaciones monógamas tradicionales! Si no estás de acuerdo, te invito a hacer un ejercicio. Con tu pareja o un amigo, tomen papel y pluma y escriban las ACCIONES que consideran sexo. Después, intercambien listas y tacha las que para ti no son sexo, que la otra persona haga lo mismo. Vas a darte cuenta de que no siempre van a coincidir en todo.

¿Consideras un abrazo "sexo"? Es probable que me digas que no. ¿Qué tal un abrazo desnudos? ¿O un abrazo con ropa, pero acostados en una cama mientras nos miramos a los ojos? Es bien importante ser lo más específicos posible particularmente en temas que son tan esenciales para tu relación.

El sexo no es tan esencial ni importante para todas las personas. También expresa esto cuando hables del tema.

Otro ejemplo es "temprano". Mi pareja y yo nos turnamos para sacar a los perros en la mañana y en la noche. Un día le pedí que los sacara al siguiente día en la mañana, pero a las 10 aún no lo hacía. Cuando le pregunté, me dijo: "Al ratito lo hago, aún no termina la mañana". En este caso, tiene razón. Mi mañana empieza a las 6 de la mañana que me levanto, pero la suya empieza a las 9.

Para evitar esto, sugiero asegurarte de contestar estas preguntas cuando haces un acuerdo:

- ¿Qué?
- ¿Quién?
- ¿Cómo?

- ¿Cuándo?
- ¿Dónde?

- *Voy a sacar a los perros todos los días antes de las 10 de la mañana.*
- *No tendremos interacción sexual con otras personas, tanto en persona como virtualmente.*
- *Cuando cocines, voy a lavar los trastes antes de ir a dormir.*

D. Los acuerdos tienen fecha de revisión

Cada aniversario, mi pareja y yo vamos a cenar para celebrar y, al final, nos hacemos siempre la misma pregunta: "¿Quieres seguir otro año conmigo?". Decidimos hacer esto porque a lo largo de nuestra vida hemos aprendido que en un año pueden cambiar muchas cosas, desde dónde vivimos, en qué trabajamos, nuestras finanzas, círculos de amistades, intereses y hasta deseo sexual.

Como te platiqué en este capítulo, yo abandoné la idea de hacer reglas predeterminadas y empecé a crear acuerdos tomando en cuenta las necesidades de todas las personas involucradas. Sin embargo, cuando conocí a Marco, el acuerdo que yo pedí fue que mantuviéramos una relación monógama. A mí no me interesaba el poliamor y "jamás iba a intentarlo", según yo, pero como dice Lilo, en Lilo & Stitch: "¡Adivina dónde estoy!".

Cinco años después, estaríamos explorando una relación con otra persona mientras yo empezaba mi tesis al respecto de la no monogamia. ¿Eso quiere decir que fui deshonesto cuando dije que quería una relación monógama? No. En ese momento realmente era mi deseo, pero mis circunstancias fueron cambiando.

Claro que la certeza nos da mucha seguridad y quisiéramos que nada cambiara, sobre todo lo que nuestra pareja quiere. Sin embargo, cambiar de opinión siempre es válido. Solo recuerda que hay consecuencias y tenemos que lidiar con ellas cuando hacemos ese cambio.

Lo que generalmente sucedería es que yo tendría que mantenerme en el acuerdo inicial, por lo que me frustraría y tal vez hasta empezaría a guardar resentimiento. Sobre todo, me hubiera perdido la oportunidad de hacer algo diferente y de darle la oportunidad a mi pareja de decidir si es algo que quiere compartir conmigo o no. En este caso, Marco también estaba interesado y el cambio de acuerdo le cayó muy bien.

Entonces para mí todos los acuerdos importantes tienen fecha de revisión. Aun el acuerdo básico: voy a ser tu pareja. Esto también quita presión cuando hay un acuerdo que no me está gustando porque sé que habrá un momento para poder platicarlo. Por otro lado, también me permite intentar cosas nuevas, ya que sé que el acuerdo está en periodo de prueba y cuando lo revisemos puedo hablar de cómo me sentí con él.

E. Olvídate de la reciprocidad

La reciprocidad es la forma más aceptable y normalizada de manipular a mi pareja. Desafortunadamente, también es de las ideas que más se utilizan al intentar hacer acuerdos. Imagina que quiero comer sushi y te propongo que vayamos hoy. Tú quieres hamburguesas, así que empezamos la negociación. Sin embargo, como a mí me da miedo el conflicto, te digo: "Bueno, hoy comemos hamburguesas, pero entonces mañana es sushi, ¿eh?".

Fíjate cómo en este caso no estoy cediendo realmente, más bien estoy utilizando esta oportunidad para tener algo que me asegure que obtendré lo que quiero. Te doy para que después tengas la obligación de darme también.

Cuando Marco y yo decidimos explorar el poliamor intencionalmente, yo tenía curiosidad de cómo sería tener otro vínculo (novio), pero aún me sentía muy inseguro con la idea de que Marco tuviera uno. Cuando se lo expresé así, mi petición fue que yo buscara tener un novio y él no.

Aquí hago una pausa para que expreses tu indignación, sorpresa, disgusto, enojo y el resto de emociones y sentimientos que puedan estar surgiendo.

La respuesta de Marco fue un inmediato y entusiasta SÍ. A él no le interesaba tener otro novio, le parecía que era demasiado trabajo y una responsabilidad que no quería. Si hubiera intentado usar la reciprocidad o el plural, hubiera dicho algo como "vamos a tener novio los dos", con lo que alguno de nosotros hubiera quedado insatisfecho o hasta resentido. Por su parte, Marco quería tener sexo con otras personas de forma más casual, cosa que yo podía manejar bastante bien. Así que nuestro acuerdo quedó en que yo saldría con personas para buscar una relación y Marco tendría encuentros casuales con otras personas. Por supuesto, este acuerdo lo iríamos revisando y modificando en caso de que fuera necesario.

Sé que puede resultarte difícil de entender, sobre todo con un tema tan controversial. Pero regresemos al problema del plural: no todos necesitamos lo mismo, de la misma forma. **La reciprocidad es útil porque me permite ignorar una negociación y omitir una discusión, pero**

genera una dinámica de competencia donde más bien estoy dándote lo que quieres para tener puntos que me permitan obligarte a hacer lo que yo quiero después.

Nuevamente, la alternativa es hacer un acuerdo a la vez, expresando necesidades individuales y creando espacio para la negociación. Mi recomendación para estos acuerdos experimentales es probarlos por un mes antes de revisarlos. Y, por supuesto, hay una herramienta y una guía que puede ayudar: el RADAR de *Multiamory* (que revisaremos a detalle en el siguiente capítulo).

Si un acuerdo me está causando dolor o daño es importante que se hable inmediatamente, aun si se había acordado un plazo más amplio para probarlo y revisarlo.

Gotitas de poliamor

¿Qué no has pedido últimamente por miedo a que suene como exigencia?

¿Qué diferencia entiendes entre exigencia y petición?

Haz una lista de los últimos acuerdos que hiciste en tu relación y revisa cuáles de estos problemas comunes encuentras:

- Plural
- Acuerdos incontrolables
- Significados incompatibles
- Falta de fecha de revisión

7

Herramientas para hacer acuerdos

¡QUÉ DIFÍCIL ES TENER MEJORES RELACIONES!

Nos la pasamos hablando de cómo nos sentimos todo el tiempo es lo que empecé a pensar poco tiempo después de poner en práctica herramientas de comunicación y demás. De pronto, tenía una plática profunda todos los días. Que si me sentí amado, que si tú quisiste decir eso, que si quiero saber cómo te sientes acerca de cómo me siento. *¡Qué pereza! Para eso, mejor me quedo soltero.*

Sin embargo, pensaba que la alternativa era no decir nada y eso nunca me había funcionado. ¿Cómo encontrar el balance entre qué debo decir y qué no?

El RADAR

RADAR es un formato/herramienta creado en 2017 por Dedeker Winston, Jase Lindgren y Emily Sotelo, descrito en su libro *Multiamory: Essential Tools for Modern Relationships.* Aunque hay varias opciones, en lo personal esta es la que más utilizo y realmente me ha ayudado a mejorar la intimidad, conexión, seguridad y cercanía en mis relaciones.

Básicamente se trata de hacer un espacio donde sentarnos a platicar acerca de lo que nos está haciendo felices, lo que necesitamos trabajar, lo que ya no es importante y lo que hemos dejado de hacer. Además, el proceso está diseñado para terminar con momentos de conexión e intimidad para no quedarse con la energía desgastada que a veces sentimos después de una discusión. Como objetivo principal, esto va a ayudar a que estemos en la misma página y no tengamos que pasar todos los días negociando y renegociando.

Por supuesto, esto dependerá de cómo te sientas. Si hay un acuerdo que te está haciendo daño o que consideras demasiado incómodo para tener que esperar, es perfectamente válido platicarlo antes.

Antes de iniciar, establece un contenedor

Platicar acerca de nuestros sentimientos y ponernos en un lugar vulnerable puede ser complicado porque todos nuestros mecanismos de defensa se van a activar. ¿Te ha pasado que quieres platicar "en buen plan" y de pronto ya están peleando sin saber por qué? A mí sí. Ya sea porque tenía hambre, estaba ocupado y lo interrumpí, yo estaba pensando en otra cosa que me preocupaba, no estaba listo para hablar del tema o, simplemente, no había tomado agua. Hay un sinnúmero de peleas y discusiones que podrían evitarse si tan solo las personas involucradas tuvieran oportunidad de revisar si están dispuestas a hablar en ese momento.

Para evitarlo, sugiero crear un "contenedor", un espacio seguro donde todas las personas involucradas están en un lugar cómodo para compartir su vulnerabilidad. Ese contenedor debe ser físico, emocional, psicológico, fisiológico y temporal.

Físico: ¿Dónde quiero tener la plática?
Emocional: ¿Me siento emocionalmente tranquilo y dispuesto?
Psicológico: ¿Hay algo que me preocupe o esté ocupando mi mente?
Fisiológico: ¿Están atendidas mis necesidades fisiológicas como hambre, sed, ir al baño y dormir?
Temporal: ¿Por cuánto tiempo quiero hablar de este tema? Recuerda que, al llegar al límite, se puede renegociar para tomar más tiempo si ambas personas están dispuestas.

Es importante que respondas esas preguntas para ti primero antes de comentarlo con tu pareja. Al escuchar sus respuestas, si alguno de los elementos no coincide o simplemente no es el mejor momento, agradécele a tu pareja su honestidad y propón un momento para intentarlo de nuevo.

Instrucciones para el RADAR

1. Revisión

El primer paso para el RADAR es poner fecha para el siguiente. Esto es importante porque, dependiendo de cómo les vaya, puede ser que al final estén cansados o enfocados en algo diferente y se olviden de poner una nueva fecha. Mi recomendación es que sea una vez al mes, sobre todo las primeras veces. Personalmente, al año o año y medio, comienzo a espaciarlos cada tres meses y así poco a poco.

Ahora, la primera vez que hagan el RADAR, este paso consiste en hablar acerca de lo que ha pasado durante el último mes. ¿Qué conflictos ha habido? ¿Hay situaciones inesperadas como visitas familiares, problemas en el trabajo o con otras personas? ¿Han tenido momentos particularmente agradables y felices que quieren celebrar? Tomen notas, ya que pueden ser útiles para el siguiente punto.

A partir de la segunda vez, tomen los puntos de acción del RADAR pasado para ver cómo lo vivieron. Pueden dividirlos en cuatro columnas:

- Celebrar
  - Acuerdos que se cumplieron, funcionaron y quieren mantener.
- Discutir
  - Acuerdos que no se cumplieron o no resultaron como esperaban y necesitan renegociar.
- Posponer
  - Acuerdos que no se cumplieron o no resultaron como esperaban, pero que pueden esperar al siguiente RADAR.
- Eliminar
  - Acuerdos que ya no son necesarios, ya sea porque dejaron de ser relevantes o porque solo eran para una situación en particular.

Es muy fácil caer en la dinámica de solo hablar de problemas y sucesos incómodos. Esto puede llevarte a sentir que tu relación solo son problemas. Sé intencional acerca de también reconocer lo que SÍ han logrado, lo que SÍ los hace sentirse amados y acompañados y lo que SÍ aprecian de su relación.

2. Agenda

Dedeker, Emily y Jase crearon una lista de categorías que representan áreas importantes donde tendemos a necesitar acuerdos en el día a día. Recomiendan revisar todas y cada una, aun cuando inicialmente parezca que no tengan nada que discutir al respecto. A veces por saltarme alguna, he dejado pasar algo que realmente necesitaba platicar.

Al leer cada una, ve escribiendo palabras clave acerca de lo que quieras hablar. Este no es momento de hacer preguntas o comentar acerca de lo que escriba tu pareja, solo es para tener una guía de lo que harán en el siguiente paso. Por ejemplo, si quieres hablar de cuánto tiempo pasa tu pareja en su celular durante la comida, puedes escribir "celular comida" o una pequeña frase similar.

- Tiempo de calidad
  - ¿Qué significa *tiempo de calidad* para cada uno?
  - ¿Necesito más? ¿Cómo se ve?
  - ¿Hay algo que quiera hablar acerca de nuestro tiempo de calidad?

En mis relaciones a larga distancia, este ha sido uno de los puntos que más ha hecho una diferencia. De pronto nuestras videollamadas diarias se habían vuelto tanto un hábito automático que no lo sentía como un momento de conexión. Cuando hicimos nuestro RADAR, puse "citas" como un punto a discutir. Le expresé a mi pareja que aprecio mucho nuestras llamadas y que necesito otro momento donde pueda sentir más conexión con él de forma intencional. El acuerdo fue "Los domingos durante nuestra llamada, cada uno sugerirá una cita para un día de la semana que sigue".

- Sexo
  - ¿Qué significa *sexo* para cada uno?
  - ¿Cómo me siento con la frecuencia con la que lo tenemos?
  - ¿Me siento cómodo con iniciarlo? ¿Me gustaría que lo iniciara la otra persona?
  - ¿Cómo prefiero iniciar?
  - ¿Hay algo en mi historia que quiera o necesite compartirle a la otra persona para ayudarle a entender mejor mis detonantes y necesidades?
  - ¿Qué cosas hacemos que me gustan? ¿Qué cosas me gustaría experimentar?

Por alguna razón, siempre termino relacionándome con personas cuyo deseo sexual es mucho mayor al mío y esto fue un problema durante muchos años porque no sabía cómo hablarlo. Al final, terminaba obligándome yo mismo a tener más sexo del que quería, o vivía con miedo de que mi pareja fuera a buscarlo a otro lado porque yo no era suficiente.

En un RADAR, mi pareja me pidió que tuviéramos más sexo, a lo que respondí que sí podía y quería hacerlo. Un mes después en la revisión, me dijo que yo no había cumplido el acuerdo y le era importante hablarlo de nuevo. Confundido, le dije que sí había cumplido el acuerdo. Generalmente teníamos sexo una vez a la semana y desde el último RADAR, había subido a dos veces por semana. ¡100% más de lo que hacíamos antes!

Él me contestó que no era suficiente y, al preguntarle cuál era su ideal, me respondió que quería tener sexo todos los días. De la forma más amorosa y empática que pude, le respondí que eso no iba a suceder. Sin embargo, me tomé una pausa y le pregunté a qué se refería con tener sexo. Le comenté que para mí implicaba penetración y yo no estaba dispuesto (ni quería) que pasara todos los días. Me dijo que para él podría ser un faje, sexo oral o masturbarnos juntos, ya que lo importante para él era tener cercanía e intimidad física conmigo.

Esta claridad nos ayudó a negociarlo mejor y encontrar un acuerdo que nos funcionara. El acuerdo fue “Cuando Pancho quiera cercanía, la propondrá. Jaime le dirá a Pancho cómo le gustaría que se iniciara ese encuentro”.

Este tema les hace mucho ruido a muchas personas, no solo a ti. Es importante que revises y reflexiones qué te ayuda a sentir más seguridad para hablar al respecto. Si hay vergüenza, ¿qué puede hacer tu pareja para ayudarte a sentir empatía?

- Salud mental y física
  - ¿Qué significa cuidar mi salud mental y física?
  - ¿Cómo cuido ya mi salud? ¿Cómo me gustaría que me ayudaras? ¿Cómo puedo ayudarte?
  - ¿Hay algo que hayamos dejado pasar o que esté pendiente?
  - ¿Cómo prefiero que me acompañes?

Cuando me enfermo, yo digo que me convierto en un bebé. Quiero que me apapaches, estés cerquita de mí, me lleves sopita y *snacks*, me digas que me quieres y, sobre todo, que no me dejes solito.

La primera vez que me enfermé con mi primera pareja fue un desastre. Yo estaba en casa y él no me visitaba, no me preguntaba si necesitaba algo, era como si de pronto hubiera perdido interés. Como es de esperarse, inmediatamente asumí que algo andaba muy muy mal para que ni siquiera estuviera al pendiente de mí cuando yo estaba tan enfermo. Así que me levanté, tomé un taxi (Uber no existía en esos tiempos), llegué a su casa y muy molesto le pregunté por qué no me había buscado. Sorprendido, me contestó: "Porque te sientes mal y quiero cuidarte".

Me explicó que cuando él se siente mal, lo único que quiere es espacio y tranquilidad. Odia que estén encima de él y se siente inútil si le andan ofreciendo cosas, prefiere sentir que puede pedir lo que necesita. Él me estaba cuidando como a él le gustaría que lo cuidaran. Por desgracia, era exactamente lo opuesto a lo que yo necesitaba. Al hablarlo, llegamos al acuerdo: "Cuando Jaime esté enfermo, Ramsés estará más cerca. Cuando Ramsés esté enfermo, Jaime le dará espacio".

- Otras parejas y amistades
  Este rubro será diferente para personas que tienen relaciones monógamas o no monógamas.
- ○ ¿Cómo es diferente una relación amistosa de una pareja para mí?
- ○ ¿Qué relaciones importantes tienes en este momento? ¿Cómo van?
- ○ ¿Qué eventos importantes vienen este mes? ¿Hubo alguno que quiero compartir?
- ○ (Si aplica) ¿Cómo van tus otras relaciones? ¿Cómo te sientes con mis otras relaciones?
- ○ (Si aplica) ¿Has estado saliendo con otras personas? ¿Cómo te ha ido en tus citas?
- ○ (Si aplica) ¿Cómo me siento con tus otras relaciones?

Cuando hay problemas entre metamores, es muy común que realmente sea un problema de límites del vértice.

> **Metamor: El vínculo de mi vínculo. Si yo tengo una relación con Marco y Marco tiene una relación con Manuel, Manuel y yo somos metamores.**

La primera vez que tuve dos relaciones simultáneas, me topé con una situación que no había considerado. Mi pareja con la que llevaba más tiempo (Marco) y yo siempre dormíamos juntos, al punto de que no habíamos dormido separados en años por ninguna razón. Cuando mi nueva pareja (Pancho) me pidió quedarme en su casa, tuve sentimientos encontrados. Por un lado, me emocionaba mucho la idea, pero por otro, sentí culpa y miedo de platicarlo con mi otra pareja. Le pregunté a Pancho si era algo que necesitaba o quería inmediatamente y, cuando me dijo que no, le pedí que me diera un par de semanas para platicarlo con Marco en nuestro siguiente RADAR.

Al llegar a esta categoría, le presenté a Marco la idea y mi deseo de hacerlo. Él no se sentía nada cómodo y me pidió un mes (hasta el siguiente RADAR) para platicarlo y poder revisar qué necesitaba para sentirse seguro y lo más cómodo posible. Durante mi RADAR con Pancho, le comenté esto y estuvo de acuerdo.

En este caso, la responsabilidad de la negociación recayó en mí, pero me parece muy importante mencionar que no es cuestión de complacerlos, ni darles lo mismo, sino considerar los sentimientos de todas las personas involucradas antes de tomar una decisión.

- Peleas y discusiones
- ¿Cuáles han sido los conflictos más importantes este mes?
- ¿Qué los ha hecho importantes?
- ¿Cómo me he sentido con ellos?
- ¿Qué tan efectivamente considero que pude atenderlos?
- ¿Qué cosas quiero reconocerte acerca de cómo manejaste el conflicto?
- ¿Considero que necesito nuevas herramientas?
- ¿Hay algún conflicto no resuelto?

Cuando Miguel me comentó que uno de sus amigos estaba enamorado de él, me sentí muy inseguro. Él me aseveró que este amigo no había sugerido nada y que era muy respetuoso de nuestra relación. En ese momento no quise hablar más al respecto porque no estaba seguro de cómo me sentía. Lo anoté y lo dejé pendiente para nuestro RADAR, haciendo explícito que necesitaba explorar más a detalle cómo me afectaba que existiera esa relación entre Miguel y su amigo. La solución sería hacer acuerdos que pudieran cuidar nuestra relación aun cuando ellos estuvieran juntos.

Este rubro me sirve para evitar tener que platicar todo el tiempo de cosas que me incomodan o conflictos menores. Con ese amigo, realmente solo necesitaba reafirmación y empatía. Sin embargo, yo sé que el tema de celos es algo que le mueve a mi pareja y de haberlo intentado platicar en ese momento, probablemente habría escalado.

- Dinero

  Siento decirte que el dinero es un punto esencial en relaciones románticas. Me encantaría que no fuera así, pero al compartir una vida surgen temas de vivienda, gastos en común y necesidades (hasta de salud).

  - ¿Cómo es mi relación con el dinero?
  - ¿Qué significa tener o no dinero para mí?
  - ¿Cómo me siento con el manejo de mis/tus/nuestras finanzas?
  - ¿Hay pagos o deudas pendientes?
  - ¿Hubo gastos adicionales o extraordinarios este mes?
  - ¿Hay algo para lo que esté o estemos ahorrando?

Esta es un área que históricamente ha sido muy difícil para mí. Debido a mi historia personal, hablar de dinero me estresa mucho y a veces decido cargar con más deuda antes que hablar con mi pareja para balancear los gastos, mucho más cuando vivimos juntos. Por otro lado, mis parejas han tenido una situación similar, así que es una categoría en la que tardamos mucho más tiempo.

En mi segunda relación estaba con una persona mucho mayor que yo y decidimos vivir juntos. Yo ganaba una fracción de sus ingresos, pero sentía la necesidad de pagar la mitad de la renta. Él se negó y me explicó su punto de vista. Proporcionalmente, la mitad de la renta era mucho más para mí que para él, así que prefería dividir gastos en cuanto a nuestras posibilidades.

Eso tuvo mucho sentido para mí en ese momento y me funcionó muy bien para esa relación. Sin embargo, te recuerdo que el RADAR y los acuerdos a los que se llegan son situaciones particulares y van a cambiar de relación a relación.

- Trabajo y proyectos
  - ¿Cómo he estado en mi trabajo? ¿Qué situaciones estoy pasando en este momento?
  - ¿Necesito algún tipo de apoyo cuando regreso de trabajar?
  - ¿Ha habido algún cambio importante en mi trabajo?
  - ¿En qué proyectos estoy trabajando en este momento?
  - ¿Cómo necesito que me apoyes o estés en mis proyectos?
  - ¿Hay algún proyecto que quiera compartir o planear contigo?

Cuando empecé mi cuenta de Instagram realmente solo era un proyecto personal. Mi pareja en ese momento, Pancho, se ofreció a ayudarme con el diseño de las imágenes. Eventualmente, cuando comencé a tener más presencia, le comenté que me gustaría incluirlo en el proyecto, sin embargo, me daba miedo que eso fuera a interferir en nuestra relación.

El acuerdo al que llegamos NO fue "No vamos a dejar que esto interfiera" porque recuerda que no podemos controlar lo que sentimos y los acuerdos se hacen a partir de acciones. Así que quedó en "Si siento que este trabajo me está incomodando en nuestra relación, lo diré inmediatamente".

- Planes a futuro
  - ¿Qué planes hemos ido cumpliendo? ¿Hay alguno que quiera revisar?
  - ¿Cómo es nuestra relación comparándola con lo que pensábamos hace un año? ¿Hay algo en lo que me gustaría trabajar para el siguiente?

- ¿Qué planes individuales tengo? ¿Qué planes tenemos y qué pasos hay que seguir para lograrlos?
- ¿Hay algo en lo que quiera o necesite tu apoyo?
- ¿Qué fechas importantes están próximas? Incluye aniversarios, festividades, cumpleaños, etcétera.

Hace cuatro años comencé una relación a larga distancia con Daniel. Al estar todo intoxicado por la Energía de Nueva Relación, hice planes de ir a pasar unas semanas con él. Sin embargo, en esos días era mi aniversario número siete con Marco. Durante el RADAR le comenté del viaje y hablamos acerca de cómo se sentía él con que yo no estuviera en México en esa fecha. Tomando en cuenta que estaba iniciando esta relación, Marco decidió ceder y aceptó celebrar nuestro aniversario en otra fecha.

- Familia y familia elegida
- ¿Cómo es mi relación con mi familia?
- ¿Cómo es nuestra relación con la familia de la otra persona?
- ¿Hay algún asunto familiar pendiente?
- ¿Tenemos visita familiar en estos días? ¿Cómo me gustaría estar para ti? ¿Cómo me gustaría que estuvieras para mí?

Yo nunca he sido alguien a quien le guste pasar tiempo en familia. Cuando empiezo a salir con alguien, es un límite que comunico inmediatamente. Estoy dispuesto a convivir con familia y hasta lo disfruto, pero no estoy dispuesto a hacerlo más de una vez al mes, a menos que sea una ocasión especial.

Conocí a la familia de Steven en una cena. Antes de ir, le pedí platicar acerca de cómo sería nuestra interacción con ellos. Steven me dijo que no tenía problema con que supieran que yo tenía otra pareja, sin embargo, yo no estaba cómodo con compartirlo. Siendo que Steven era más joven que yo, temía que su familia fuera a tratarlo como el amante. Así que el acuerdo fue que él no mencionaría a mi otra pareja a menos que yo lo hiciera.

- Casa
  Esto dependerá de si viven juntos o si comparten espacios casualmente.
  - ¿Cómo me siento con la división de tareas del hogar?
  - ¿Me gustaría sentirme más involucrado?
  - ¿Necesito más espacios compartidos? ¿Cómo puedes incluirme más en tu espacio?

Cuando Pancho y yo empezamos a vernos más frecuentemente, surgió la plática de compartir más espacios. En ese momento yo vivía con Marco, por lo que no le ofrecí vivir juntos. Hablándolo un poco más, coincidimos en que podíamos tener elementos compartidos en su departamento y en el mío. Particularmente, compré una almohada, dejé algo de ropa y cocinábamos juntos.

Con esa experiencia pude también darme cuenta de que puedo tener intimidad y sentir pertenencia aun cuando no cohabitemos. Sin embargo, no te estoy diciendo que no deberías querer vivir con tu pareja, solo te comparto una instancia en la que encontré una alternativa funcional para nosotros.

- Otros
  Considera un espacio para poder incluir cualquier cosa importante para ti que no quepa en las categorías anteriores.

3. Discusión

¡Ha llegado el momento de discutir! Pero primero quiero recordarte que discutir y pelear no son lo mismo. El objetivo de esta sección no es ver quién gana, ni cómo convencer a tu pareja de que tienes razón. De hecho, lo primero que recomiendo es aceptar que es altamente probable que no obtengas lo que estás pidiendo tal como lo estás pensando.

Si alguna de las personas en la relación "gana", la relación pierde. No puedes construir un lugar seguro destruyendo uno de los lados del puente.

Antes de empezar el RADAR, yo me detengo a pensar qué me está haciendo falta para sentir felicidad, tranquilidad, amor y satisfacción en mi relación. Pensemos que identifico una necesidad de más contacto con mi pareja, específicamente con mensajes de texto durante el día. Lo primero que busco es mi ideal, por más absurdo y exagerado que suene. En este caso imagino que sería maravilloso que me mandara al menos un mensaje cada hora.

Aquí hay algunos puntos importantes:

1. Estoy consciente de que mi ideal es poco probable. Al ser una negociación, tengo que recordar que la otra persona también tiene necesidades, deseos y límites. Debo tener todo eso en cuenta mientras hago el acuerdo con mi pareja.
2. Si no estoy dispuesto a ceder, no es una negociación. Si es algo no negociable, en lugar de un acuerdo

probablemente lo que necesito es un límite (que discutiremos en el siguiente capítulo).

3. Empiezo desde el ideal para tener espacio de negociación. Antes, yo empezaba por pedir el mínimo ("aunque sea un mensaje en la noche"), por lo que en el proceso de discusión terminaba con menos de lo que necesitaba.

Ejemplo:

A: En cuanto al tiempo de calidad, me gustaría hablar del uso de celular durante la comida. Cuando estás en tu teléfono mientras comemos, me siento ignorado. Sé que me has dicho que me estás escuchando y te creo, solo no estoy cómodo con eso. Mi ideal sería que no utilizaras el celular para nada mientras comemos. ¿Cómo estás con eso?

Fíjate cómo estoy proponiendo una acción observable, no una sensación, sentimiento o pensamiento. No es que "me pongas más atención", ni que "dejes de ignorarme", ya que esas no solo son demasiado abstractas y subjetivas, sino que aparte llevan un juicio hacia la persona. Además, es claro y específico contestando a las preguntas que vimos en el capítulo anterior.

A partir de ahí, la otra persona puede decidir aceptar mi propuesta, proponer modificaciones o rechazarla. En caso de aceptarla, pueden anotarlo en la siguiente sección. Si es rechazada, recuerda que el "no" marca el inicio de la negociación, no el fin de la conversación. Tal vez no estoy dispuesto a hacer lo que me pides exactamente como me lo estás pidiendo, pero podemos explorar alternativas.

Ejemplo:

B: No me gusta la idea de no utilizar el celular para nada mientras comemos. Sin embargo, sí quiero atender tu necesidad de no sentirte ignorado. Se me ocurre que cuando llegue a usarlo, te avise y me dedique solo a algo específico. Puede ser contestar un mensaje, pero no estaré en redes viendo fotos, ni videos. ¿Cómo lo escuchas?

Este proceso se repite hasta llegar a una acción que les funcione a ambas personas.

No es buscar un punto medio, ya que habrá situaciones en las que una persona esté más cómoda cediendo más. Tampoco es buscar algo que no sea incómodo para nadie. El objetivo es identificar qué estoy dispuesto a hacer y aceptar. La incomodidad puede ser normal, pero no debe doler.

Si es un "no" definitivo y no negociable, es posible que nos hayamos topado con un límite de la otra persona. Para ver cómo manejar esto, puedes revisar el próximo capítulo.

Al terminar el primer punto, pasen al siguiente y continúen hasta terminar la lista.

4. Acciones

El punto anterior y este tienden a hacerse simultáneamente. Conforme vamos discutiendo cada punto, escribimos el acuerdo al que llegamos estableciendo una acción observable, clara y específica. De nuevo, es importante responder qué acción es, quién la realizará, cómo, dónde y cuándo. Adicionalmente, sugiero ponerle fecha de revisión/expiración.

Ejemplo:

Durante la comida, Marco utilizará el celular para responder mensajes. No verá redes sociales ni videos.

Escribir estos acuerdos es para poder llevar un registro de lo que nos está sirviendo y lo que necesitamos renegociar. NO es para tener recibos que echarle en la cara a mi pareja si es que algún acuerdo no se cumple.

5. Reconexión

El proceso del RADAR puede ser emocionalmente pesado y físicamente agotador. Aun en los mejores escenarios donde alcanzamos en su mayoría acuerdos satisfactorios, es muy probable que lleguen al final ya con algo de hartazgo y cansancio.

Esta es mi parte favorita de todo el ejercicio. Escribe una lista de acciones que tu pareja ya hace y te ayudan a sentir conexión y afecto, pidiéndole a tu pareja que haga lo mismo. Tengan esta lista disponible en sus teléfonos o en un documento en la nube para minimizar el esfuerzo de consultarla.

Elijan una de las acciones de la lista y tómense un tiempo para reconectar. Estas acciones pueden ir desde jugar un juego de mesa o caminar de la mano hasta tener sexo.

RADAR ligero y RADAR complejo: hay categorías que pueden tomar más tiempo y energía que otras. En mi caso, *sexo* y *dinero* generalmente toman hasta dos horas, mientras que el resto de los puntos toman una hora en total. Tomando eso en cuenta, hago un RADAR dedicado solo a los temas complejos y uno a los temas más ligeros. Así evito que sea demasiado largo y puedo administrar mejor mi energía.

¿Qué pasa si un acuerdo se rompe?

Antes de hacerme esta pregunta, yo sufría pensando *Pero si no hay castigo, ¿cómo me aseguro de que va a cumplir el acuerdo?* Desafortunadamente, la frustrante respuesta es que lo único que te puedo asegurar es que algún acuerdo va a romperse en algún momento. Mi corazón lleno de curitas empezó a gritarme que era una locura pensar así.

Considera la siguiente frase: "Nadie es perfecto". ¿Te parece correcta? En caso de que sí, es de esperarse que alguna de las personas puede cometer un error en algún momento. Si te parece una frase errónea, pues vas a tener algunas sorpresas en tu vida.

Por lo tanto, llegará el RADAR donde tengas que incluir un acuerdo que se rompió. Sugiero los siguientes pasos para atenderlo:

1. En la etapa de *Revisión*, escribe el acuerdo en el rubro de *Discutir*.
2. Cuando hagan la *Agenda*, ubica el acuerdo que se rompió y ponlo en la categoría correspondiente.
3. Al momento de llegar a ese punto, comparte lo que esperabas del acuerdo, la situación particular en la que se rompió y la reparación que necesitas (en caso de que así sea).
4. Escucha a la otra persona. ¿Cómo se rompió el acuerdo? ¿Qué necesidad no fue cubierta? ¿Qué hace falta para cumplirlo?
5. Decide si estás en disposición de mantener ese acuerdo o necesitas hacer una renegociación.

Yo no acepto un mismo acuerdo más de dos veces. Si se rompe una primera vez, tengo la conversación para renegociar. Si se rompe una segunda, descarto el acuerdo como tal y busco otra alternativa más alcanzable y compatible.

Ahora te preguntarás, ¿hasta cuándo es sano seguir renegociando? Hasta el momento que se amenaza con cruzar uno de tus límites. Así que vamos a entender qué son, cómo se ven y por qué es tan difícil ponerlos.

8

Nadie puede cruzar tus límites

BIENVENIDO A ESE CAPÍTULO por el que tal vez compraste este libro (o se lo pediste prestado a tu amigo saltándote la primera mitad).

Seguramente te han dicho que los límites son la panacea a todos los males en relaciones de todo tipo. ¿Tienes un conflicto? ¡Pon límites! ¿No te respetan? ¡Pon límites! ¿Sientes que eres codependiente? ¡Pon límites! Y no están tan equivocados, solo que para mí es el equivalente a decirle a una persona con depresión que salga al sol a hacer deporte, se relacione con personas compatibles y establezca pequeños objetivos alcanzables. Suena bien padre, sí puede ser una excelente solución y por supuesto que quieres.

Pero ¿puedes?

¿Qué son los límites?

A mí solo me dijeron que los pusiera, pero no me enseñaron exactamente qué eran. Utilizaban frases tan abstractas como "Date a respetar" o "No te dejes". De hecho, recuerdo un episodio de alguna serie donde el hijo está siendo víctima de bullying, se lo confiesa a su mamá y ella le dice: "Mañana vas a ir con él, lo mirarás a los ojos y le dirás 'ya no me pegues'". ¿Te suena absurdo? Es exactamente lo mismo que decirle a alguien que le diga a su pareja que no puede levantarle la voz.

Como te conté en el capítulo 6, cuando estoy buscando que la otra persona cambie su comportamiento necesito negociar acuerdos. Si quiero usar algún tipo de poder para persuadirlo utilizando el miedo al castigo, sería una regla o una amenaza.

En mi segunda relación, habiendo tenido una experiencia poco agradable la primera vez, propuse que escribiéramos un contrato. Hice un documento e hicimos una lista de reglas a seguir a partir de nuestras expectativas (ojalá lo tuviera aún para enseñártelo). Yo estaba muy chavito y no sabía hacerlo mejor, así que imprimí tres copias, las firmamos, cada uno se quedó con una y la tercera se guardó con nuestros demás papeles. Yo tenía mucho miedo de ser herido por mi pareja, ya fuera por descuido, desconsideración o ignorancia. Mi lógica me decía que, si teníamos todo anticipado, podíamos evitar que eso sucediera.

Desafortunadamente, aunque la idea pareciera fantástica, depende de un par de pequeños detalles: ambos tendríamos que ser perfectos y nunca cometer errores, y necesitaríamos que nada cambiara en nuestra vida y contexto para que se cumpliera el contrato al pie de la letra. En esa relación y algunas siguientes, poner reglas era contraproducente porque vivía con el miedo de que fueran a romperlas. Solo que no me había dado cuenta de que ese miedo venía de sentirme impotente, como que sucedería y no habría nada que yo pudiera hacer al respecto.

Si te fijas, gran parte del problema es que esos supuestos "límites" estaban fuera de mi control. ¿Cómo iba a hacer que se respetaran si no dependían de mí y yo no tenía ningún poder sobre mi pareja?

Los límites son acciones que yo realizo para cuidarme y no requieren participación de la otra persona.

Te doy un ejemplo: imagina que invitas a alguien a visitar tu casa. Puedes poner la regla de que hay áreas que no están permitidas y llegar a acuerdos en áreas que sean de mayor cuidado, por ejemplo: "Antes de jugar con tus cartas, me lavaré las manos después de comer". Sin embargo, la única forma de asegurarte completamente de que esta persona no entrará a áreas privadas tuyas sería no quitarle los ojos de encima.

Tu vida es esa casa y puedes compartirla tanto o tan poco como tú lo decidas. Habrá personas que ni siquiera necesiten una regla o acuerdo para cuidar tu espacio y mantenerse fuera de lugares donde no han sido invitados. También es posible que conozcas a alguien que aparentemente es respetuoso, pero un día de pronto ya te des cuenta de que entra a tu cuarto cuando quiere. Los límites son los cerrojos en tus puertas. La única forma que otras personas tienen para acceder a esa parte de ti es teniendo la llave.

Ejemplos:

Límite: *No iré a comer a restaurantes con personas que no dejen propina.*

En este caso, la llave para compartir ese espacio conmigo es que seas una persona que deja propina. Si no lo eres, yo decidiré no ir a restaurantes contigo. Esa puerta está cerrada. Afortunadamente, hay otros espacios que podemos compartir. Si nos vemos para compartir algo que preparamos nosotros, podemos comer juntos y no estoy cruzando mi límite.

Un error común es confundir los límites con muros en lugar de puertas. Si pongo un muro para bloquear el paso hacia uno de mis cuartos, no será accesible para nadie, ¡ni para mí! Esto podría suceder a partir de una experiencia traumática donde no confío en que nadie pueda habitar ese espacio sin consecuencias catastróficas.

Límite: *No hablaré contigo cuando alces la voz.*

Aquí cuando alces la voz me retiraré. No quiere decir que terminaré mi relación contigo o que nunca volveré a dirigirte la palabra, sino que tomaré un espacio y retomaré la plática posteriormente. Ahora, recuerda que los límites son una línea de defensa y, excepto en casos muy específicos que veremos más adelante, no son tantos. En relaciones medianamente decentes, es posible negociar acuerdos antes de llegar al punto de tener que poner un límite.

En cuanto a mi relación con los otros, es posible que también vaya modificando mis límites. Personalmente, soy muy reservado con mi cuerpo y quiénes tienen acceso a él, pero eso no quiere decir que no quiero que nadie me toque. Cuando conozco a alguien nuevo, un abrazo es perfectamente aceptable, pero no voy a darle acceso al resto de mi cuerpo y mucho menos a mi piel desnuda.

Me sucedió que salí con una persona que me gustó muchísimo y al final de nuestra primera cita tenía muchas ganas de besarlo. Siguiendo la metáfora, abrí la puerta que da acceso a mis labios. Cuando me besó fue como si estuviera intentando apuñalarme con su lengua, cosa que me desagradó muchísimo e inmediatamente me hice hacia atrás. En ese caso, al ver que no me gustaba cómo estaba en mi espacio, decidí cerrar la puerta nuevamente.

Así funcionan los límites. La única persona que puede decidir negociarlos y ofrecerte la llave soy yo, y también yo puedo retirarte el acceso si no me siento cómodo.

Bueno, casi siempre.

Gotitas de poliamor

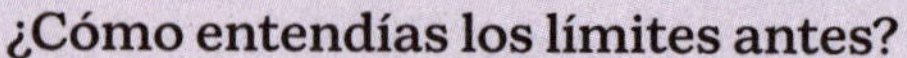

¿Cómo entendías los límites antes?

¿Qué muros has puesto por no saber cómo poner límites?

¿En qué áreas de tu vida crees que necesitas poner nuevos límites? ¿Con quiénes?

No todos podemos poner límites

El clásico “Mientras vivas en mi casa, vas a seguir mis reglas” por desgracia es completamente acertado. Recuerda que mi agencia depende de que tenga poder. Si no tengo poder, no tengo agencia y soy una víctima incapaz de ejercer mi voluntad. En el caso de vivir con mi familia, yo no tenía poder económico que me permitiera ser independiente, por lo que mi padre podía hacer uso de ese poder para controlar mi comportamiento. Por eso cuando me preguntan cómo poner límites en la familia, lo primero que pregunto es acerca de la estructura y división de poder. Es contraproducente decir: “No pueden entrar a mi cuarto” cuando tus padres claramente pueden. Es más, pueden hasta quitar la puerta y eliminar completamente tu límite. Por supuesto pensarás *Jaime, ¡pero mi privacidad!*, y sé que es injusto, abusivo y nada ético, pero es real.

Lo mismo sucede en relaciones románticas donde la pareja tiene más poder económico, social o físico. Además, hay situaciones menos visibles y evidentes, como la diferencia de poder emocional y psicológico. Estas son las relaciones donde la persona sabe que es independiente, sabe que realmente podría sobrevivir si dejara a su pareja y, sin embargo, se siente impotente al intentar poner límites.

En una etapa muy oscura de mi vida conocí a Diego, quien se volvió mi caballero en armadura dorada. A pesar de que yo no me sentía muy atraído a él, eso no evitó que estuviera ahí para mí constantemente. Yo me había aislado poco a poco de mi círculo cercano, pero él me llamaba, me atendía, me escuchaba y hasta esperaba afuera de mi edificio diciéndome que solo quería darme una vuelta en su auto para que saliera y tomara aire. Rápidamente se volvió un lugar seguro para mí. Me sentí entendido e importante y, sobre todo, que no era una carga para él. Extrañamente, él hacía todo tal como yo imaginaba y soñaba que alguien fuera. Lo que ignoré fue que yo le estaba dando el guion de mi pareja ideal cuando le contaba las carencias que tenía en mis otras relaciones y las cosas que extrañaba de esta expareja o aquella.

Al cabo de un par de meses, Diego era la mayor constante en mi vida y la persona con quien me sentía más acompañado. Insisto: lentamente se volvió la persona perfecta para mí hasta el día que me dijo: "No entiendo por qué no quieres ser mi novio si soy todo lo que siempre has querido", argumento que me pareció completamente válido. Ignoré esa sensación en mi estómago que me decía que tuviera cuidado y le dije que sí.

Al poco tiempo, Diego dejó de hacer todo eso que había hecho antes. No solo dejó de estar presente, llevándose consigo mi lugar seguro, sino que empezó a criticarme y decirme que estaba siendo demasiado dramático y exagerado. En ese momento, Diego tenía un gran poder emocional y psicológico sobre mí. No dependía económicamente de él, tampoco había una amenaza de daño físico y terminar con él no afectaría mi vida social. Aun así, dejar esa relación me era imposible. Tan solo pensarlo me hacía entrar en un ataque de ansiedad, empezaba a temblar incontrolablemente, mi respiración se agitaba y mi cuerpo se congelaba.

La primera vez que, temblando y llorando, intenté terminar con él, me dijo: "¿Así quieres que termine nuestra relación? ¿Tú temblando y llorando? Yo creo que merecemos algo mejor. Estás tomando la decisión equivocada". Seguimos juntos un par de tortuosos meses más. Para entonces, Diego tenía una llave maestra en mi casa metafórica. Todas mis áreas y mis cuartos estaban a su disposición y yo no era capaz de quitarle la llave.

Esta historia puede parecerte un poco extrema, pero es muy común a diferentes niveles. Antes de culparte por no poder poner límites, revisa tu entorno y tu contexto.

Yo creo que lo peor que puedes decirle a una persona en una relación abusiva es que ponga límites. Es el equivalente a decirle que sufre porque quiere; si no quisiera, se iría "y ya". Te repito: sin poder no tengo agencia, sin agencia no tengo voluntad y sin voluntad no puedo poner límites.

Gotitas de poliamor

¿Quiénes tienen o han tenido una llave maestra para tu casa (metafórica)?

¿Cómo es el poder en tus relaciones actuales? ¿Hay algún desbalance importante?

¿Cómo manejas el desbalance de poder?

¿Consideras que alguna vez estuviste en una relación abusiva? Recuerda que son aquellas donde alguien más utiliza su poder para controlar o limitar tu comportamiento.

Límites rígidos, porosos, y firmes y amorosos

Al ir creciendo y construir tu casa personal (metafórica), ¿contabas con los materiales y las técnicas necesarias? Si tienes la gran suerte de que tu familia te enseñara o simplemente tuviera límites claros, tendrás ejemplos a seguir y un punto de partida, solo que no todos contamos con ese privilegio. A mí me ayuda dividir los límites en tres tipos diferentes: rígidos, porosos, y firmes y amorosos.

Partamos del concepto de *límites*, donde su función es cuidarme y ayudarme a relacionarme con personas compatibles conmigo.

Los límites rígidos son los que me cuidan a mí y cuidan mi casa a costa de la relación.

Ejemplos:

- No me relacionaré con personas que fumen.
- Cuando mi pareja decida que quiere intentar la no monogamia, terminaré mi relación con él.
- No estaré en una relación con alguien que quiera tener hijos.
- Dejaré la relación en cuanto sienta celos.
- Me retiraré de cualquier lugar donde haya personas más altas que yo.

En esos casos, la acción del límite es terminar la relación ya que no está alineada con mis valores y con quien yo soy. No estamos hablando de puertas, sino de muros.

Los límites porosos son los que cuidan la relación, a costa de mis necesidades.

Ejemplos:

- Cuidaré a mi pareja cuando esté enferma, aunque me contagie.
- No diré nada cuando mi pareja haga bromas que me molesten, a menos que sea demasiado.
- Voy a quedarme en esta fiesta hasta la medianoche, aunque esté incómodo.
- No voy a decir lo que necesito para que no se enoje.

Aquí la acción está enfocada en el bienestar de la otra persona a pesar de que yo no me sienta bien. En este caso, la puerta no tiene cerrojo.

Cuando empecé a clasificar los límites así, mi mente inmediatamente intentó ponerles el juicio de *buenos* y *malos*. A primera vista, pareciera que los rígidos son los buenos y los porosos, los malos, ya que unos me ponen a mí en primer plano. Sin embargo, me detengo a considerar si serían válidos en algunas situaciones. Por otro lado, ¿qué tanto los límites rígidos terminan aislándome? El problema en ambos es llegar al extremo. Es completamente válido a veces ponerme primero y otras darle prioridad a la otra persona.

Así fue como llegué a la categoría de "límites firmes y amorosos". Estos buscan cuidar tanto la relación como mi bienestar, combinando los mensajes "Sí puedes tener acceso, pero solo de esta forma" y "Hay otras puertas que podemos probar".

La clave está en la compasión. Cuando asumo buena intención de la otra persona, puedo entenderla y buscar alternativas para conectar sin hacer a un lado mi protección.

Ejemplos:

- No estaré con personas que fumen. Sí quiero verte, pero cuando fumes me retiraré para volver después.
- No tendré una relación no monógama. Si mi pareja quiere explorarlo, propondré desescalar nuestra relación.
- Cuando mi pareja esté enferma, propondré formas seguras de acompañarla.

> **Desescalar una relación:** Considerando la escalera eléctrica de las relaciones, desescalar sería cambiar los elementos que conforman nuestra relación de acuerdo con las expectativas que tenemos. Por ejemplo, dejar de vivir juntos o ya no tener interacción sexual.

> **Escalera eléctrica de las relaciones:** Se nos enseña que las relaciones siguen un camino muy particular y específico, subiendo de nivel. Cuando alguien te gusta, te subes al primer escalón y la escalera, al ser eléctrica, empieza a subir. Después debes andar con la persona, vivir juntos, casarse y tener hijos. Si te quedas mucho tiempo en un escalón, la gente asume que tu escalera está rota. En la

> **NME, la escalera no es eléctrica y puedes bajar o subir de escalón como lo necesiten tú y la otra persona.**

Básicamente, si es una relación que me importa conservar y construir, establezco mis límites, pero me aseguro de hacer explícito que estoy dispuesto a explorar otras puertas. Hay relaciones que no quiero conservar, por lo que mis límites son mucho más rígidos. Honestamente, aún me cuesta trabajo encontrar una situación donde los límites porosos realmente puedan ser funcionales.

Antes de pasar a la siguiente sección, quiero hacer una aclaración porque esta duda surge constantemente tanto en redes como en mi consultorio. Los límites no son ultimátums. En mis relaciones he tenido conflictos que han escalado o durado mucho más de lo que estaba dispuesto a aceptar realmente. En esos casos, llegué a poner ultimátums como "Es la última vez que te perdono una mentira, si vuelves a hacerlo, terminamos".

Después de leer este capítulo, ¿puedes identificar por qué no es un límite? Si respondiste "porque depende de que la otra persona cambie", estás en lo correcto (o si viste la respuesta porque literalmente está abajo de la pregunta). **Un ultimátum es darle una última oportunidad a la otra persona para demostrar un cambio.** Personalmente, no soy fan, ya que me regresa a ese ciclo de resentimiento y conflicto. Si ya lo intentamos negociar varias veces y no encontramos una solución clara, prefiero establecer un límite rígido.

Gotitas de poliamor

¿Cuáles límites usas más? Pueden ser rígidos, porosos, o firmes y amorosos.

Haz una lista de tus límites rígidos y porosos. Uno a uno, revisa cómo puedes hacerlos más amorosos, sin perder su firmeza.

Por ejemplo:

- No volveré a salir con alguien que hable con la boca llena.

- Cuando alguien hable con la boca llena, no iré a comer con esa persona (esta opción puede dejar abierta alguna otra forma de conectar).

Los límites se practican (entre más los practiques, menos los necesitas)

¿Te suena abrumador? A mí sí. De pronto pienso en todas las relaciones que he tenido, tengo y tendré, considerando todos los límites que necesito establecer y hasta me dan ganas de mejor irme a vivir a una cueva. Afortunadamente hay algo muy curioso acerca de los límites. Si los estableces y los respetas, vas a dejar de necesitarlos.

Como buena persona autista, mi comunicación es muy literal y es la primera reacción que tengo ante lo que otras personas me dicen. En algún momento tuve amistades que tendían a referirse unos a otros con insultos y comentarios humillantes como “Ay, qué pendejo estás” o “Eso te pasa por inútil”. Aun cuando me decían que era “broma” o “una forma de decir las cosas”, no cambiaba que mi reacción inicial era sentirme herido. Intenté hablarlo con ellos, pidiéndoles que no se dirigieran a mí de esa forma (entre ellos podían hacer lo que quisieran). Me detengo para recordarte que ese NO es un límite, es una propuesta para llegar a un acuerdo. Aceptaron, pero varios no pudieron evitar la costumbre. Llegó el punto en que esas personas me dijeron que iban a seguir haciéndolo porque “así era su personalidad”.

Usualmente mi respuesta hubiera sido “aguantarme” porque no era su intención hacerme daño. Hasta el momento en el que pude validar que el tipo de relaciones que quiero y necesito no incluye a personas que se comunican de esa manera. Así que adopté un nuevo límite: no me relacionaré con personas que utilicen lenguaje violento hacia mí u otras personas.

¿Me la pasé peleando con ellos? No, porque mi límite no era para que ellos cambiaran. Cuando ellos establecieron su límite ("No voy a dejar de comunicarme así") nuestra relación se volvió incompatible a un nivel fundamental. Poco a poco, las personas que interactúan así fueron desapareciendo de mi vida.

Hoy no hay una sola persona en mi círculo cercano que utilice comunicación violenta, por lo que mi límite no es necesario. Ahí está en caso de que surja la situación, pero más bien está de reserva.

Ejercicio de límites demasiado ambiciosos

Con esta información tal vez pienses que es momento de salir al mundo y poner límites. También es probable que lo intentes un par de veces y regreses derrotado pensando que no es tan fácil como lo escribí. Y tienes toda la razón.

En la relación que te conté con Diego donde no podía dejarlo, aunque sabía lo mal que me hacía, mi límite de "No estaré en una relación donde haya violencia emocional" me fue inservible. La frustración que sentía al no poder irme solo se agregaba al dolor que sentía por quedarme; básicamente me estaba volviendo una persona más que abusaba de mí por no ser lo que "debería" ser.

Ahí fue cuando me di cuenta de que ese límite estaba al servicio de lo que "debería" hacer y no a lo que yo podía lograr. Por supuesto que mi ideal era terminar esa relación, pero en ese momento me faltaban recursos. La solución no era reprocharme y recriminarme, sino tenerme compasión y revaluar mi límite.

Cuando me encuentro con un límite mío que cruzo una y otra vez, lo denomino como demasiado ambicioso y procedo a dividirlo en pasos más alcanzables.

Pensemos en el límite: "No estaré en una relación donde haya violencia emocional". La acción es "no estar" o "irme", que es lo más complicado. Entonces si no tengo de otra más que quedarme, puedo pensar en cómo quiero quedarme.

Considerando eso, lo que tenía disponible era decidir qué hacer mientras me quedaba, trabajando hacia mi ideal. Siendo que lo que más me dolía era sentirme rechazado por él, necesitaba conexión y aceptación. Así que mi nuevo límite fue "Cuando me sienta rechazado, contactaré a mi red de apoyo" y "Cuando me sienta rechazado, me tomaré unos minutos a solas".

Esta era una forma menos amenazante para mi sistema nervioso, por lo que me funcionó. Ya que lo establecí y practiqué, generé dos lugares seguros para mí y obtuve suficiente fuerza para llevar a cabo mi límite ideal.

Los límites están para servirte a ti, no tú a los límites. Si un límite no está funcionando, lo que tiene que cambiar es el límite, no tú.

¿Cuándo debo comunicarlos?

Personalmente comunico mis límites rígidos al principio de la relación. De nuevo, al ser no negociables y esenciales, determinarán qué tipo de relación puedo tener contigo. Así que lo hago desde la primera cita (o antes si es por alguna *app*). También es posible que haya límites que no haya considerado o que descubra en la interacción con la otra persona, en ese caso me importa comunicarlo cuando sucede, pero depende de la confianza que sienta con esa persona.

Kami Orange, una creadora de contenido acerca de límites, tiene una división para decidirlo y esto tiene mucho sentido para mí. Para ella hay tres respuestas diferentes ante un límite cruzado:

- Confianza alta: Respuesta de discusión.
  Esta es para cuando estás en una relación donde sientes seguridad de que la otra persona está abierta al diálogo, es capaz de expresar empatía y comprensión, puede reconocer su parte en el conflicto y tiene disposición para reparar. En este caso, comunico el límite desde un lugar compasivo y de curiosidad, asumiendo buena intención de la otra persona. A partir de ahí, puedo buscar un acuerdo con la otra persona.

Ejemplo:

Oye, el otro día me di cuenta de que estabas fumando en mi departamento mientras me esperabas para irnos. Me sentí muy incómodo porque no me gusta el olor a cigarro o que las personas fumen en mi departamento. ¿Podemos platicar al respecto?

En esa plática preguntaría si es algo que sabía y buscaría llegar a algún acuerdo que no cruce mi límite (fumar afuera del edificio y regresar, por ejemplo).

- Confianza baja: Respuesta de decisión.
  Si la confianza no es tan clara ya sea porque es una relación nueva o porque se ha cruzado algún límite en el pasado, la respuesta es más un aviso. En este caso, no hay negociación.

Ejemplo:

No estoy cómodo con que fumes en mi departamento, así que solo te veré en otros lugares.

El límite está enfocado en lo que yo haré, no en que la persona cambie sus acciones.

- Cero confianza: Respuesta de peligro.
  Si no hay confianza porque la otra persona tiene algún poder sobre ti y eso amenaza tu integridad física, emocional o psicológica, el único límite que necesitas es: PEDIR AYUDA.

Gotitas de poliamor

Preguntas para ayudarte a determinar el nivel de confianza:

Piensa en una persona con quien tengas alguna relación. Contesta las siguientes preguntas, considerando que todo lo que no es SÍ es NO. "Creo que sí, tal vez, a veces, depende" y cualquier variación serían "NO".

¿Te sientes seguro cuando esa persona está cerca?

¿Te sientes libre al hablar con esa persona, sin cuidar tus palabras?

Si tuvieras un secreto, ¿se lo contarías a esa persona?

Si te pide algo que no quieres hacer, ¿acepta tu NO sin represalias?

Cuando dice SÍ, ¿puedes esperar que lo cumpla o que, al menos, te avise si cambia de opinión?

¿Consideras que esta persona jamás te haría daño físico?

Cuando esa persona no está contigo, ¿puedes confiar en que tendrá tu bienestar en cuenta aun si no están juntos?

Si respondiste SÍ a todas, me hablaría de que tienes un alto nivel de confianza con esa persona. Entre menos respuestas sean afirmativas, el nivel de confianza irá bajando. Si todas tus respuestas son NO, recomendaría que revisaras esa relación para evitar dinámicas violentas.

¿Y si se enojan?

Esta es otra pregunta que recibo constantemente y quiero contestarla criticando una frase que odio mucho: "Las únicas personas que se enojan contigo por poner límites son aquellas que se beneficiaban de que no los tuvieras". Para empezar, mi problema no es con que sea falsa, porque no lo es. Más bien es que se usa para expresar que esas personas son malvadas y no deberían estar en tu vida. Pero recuerda que nada es para todos.

Comencemos por recordar que el enojo es una emoción muy útil y parte de nuestro kit de supervivencia; las personas no nos enojamos "porque sí". El enojo me avisa que algo que considero importante está cambiando fuera de mi control.

Por ejemplo, yo soy una persona muy estructurada y procuro ser puntual en todo lo que hago. Marco es alguien que no puede mantener un horario y siempre se le hace tarde para todo. Durante muchos años tuvimos el conflicto de que yo estaba frustrado porque él no estaba listo, pero siempre lo esperaba. Esto fue algo que los acuerdos no pudieron conciliar, ya que es parte de nuestras personalidades. Al cabo de un tiempo, decidí que necesitaba poner un límite: *saldré de casa para llegar a tiempo al evento*. Y lo repetiré hasta el cansancio: el límite es para mí, no para que Marco cambie su comportamiento.

Mi límite nuevo implicaba que Marco tenía dos opciones: irse solo o apurarse para estar listo a tiempo. Efectivamente, yo estaba cambiando la forma en la que me relacionaba con él y llevándolo a tener que tomar una decisión. ¡Claro que iba a molestarle! Es perfectamente válido.

Ahora, considera lo siguiente: ¿sabes a quién más le beneficiaba no tener ese límite? ¡A mí! No establecer ese límite me permitía evitar el conflicto con Marco y solo tener que gestionar mi incomodidad. No tener límites conlleva el pequeño beneficio de no tener que ser el villano ni sentir culpa por hacer sentir mal a otras personas. Al poner límites, vas a vivir incomodidad, rechazo y culpa.

Si te cuesta poner límites, también pregúntate qué estás obteniendo al no tenerlos.

Antes de juzgar la incomodidad de la otra persona, considera si puedes extenderle compasión tomando en cuenta cómo tu nuevo límite está afectándole. Esta compasión no es para cambiar tu límite, sino para poder cuidar la conexión y reconstruir un camino nuevo que sea conveniente para ambos.

De igual modo recuerda que cruzar tus límites también afectará tu confianza en ti mismo. Así que en el capítulo 10 hablaremos de qué es la confianza y cómo se construye.

9

Los celos son amigos

MUCHOS PSICÓLOGOS DEL INTERNET te van a decir que todas tus emociones y sentimientos son válidos, pero en la misma oración te dirán que los celos no, todos menos ese. Además, seguro has escuchado que los celos son tóxicos, vienen de un lugar de inseguridad, codependencia y deben ser eliminados para tener una relación sana.

> **Emociones: Reacciones involuntarias a estímulos externos. Interpretación de nuestras sensaciones. Por ejemplo: miedo, afecto, tristeza, enojo y alegría.**

> **Sentimientos: Cuando le agrego una idea a una emoción. Por ejemplo: miedo + ideas del futuro = ansiedad. Afecto + decisión de construir una relación = amor.**

> **Rueda de las emociones: Aquí te dejo una imagen que ilustra los sentimientos y de qué emociones provienen. Recomiendo echarle un ojo y practicar identificar la emoción detrás del sentimiento.**

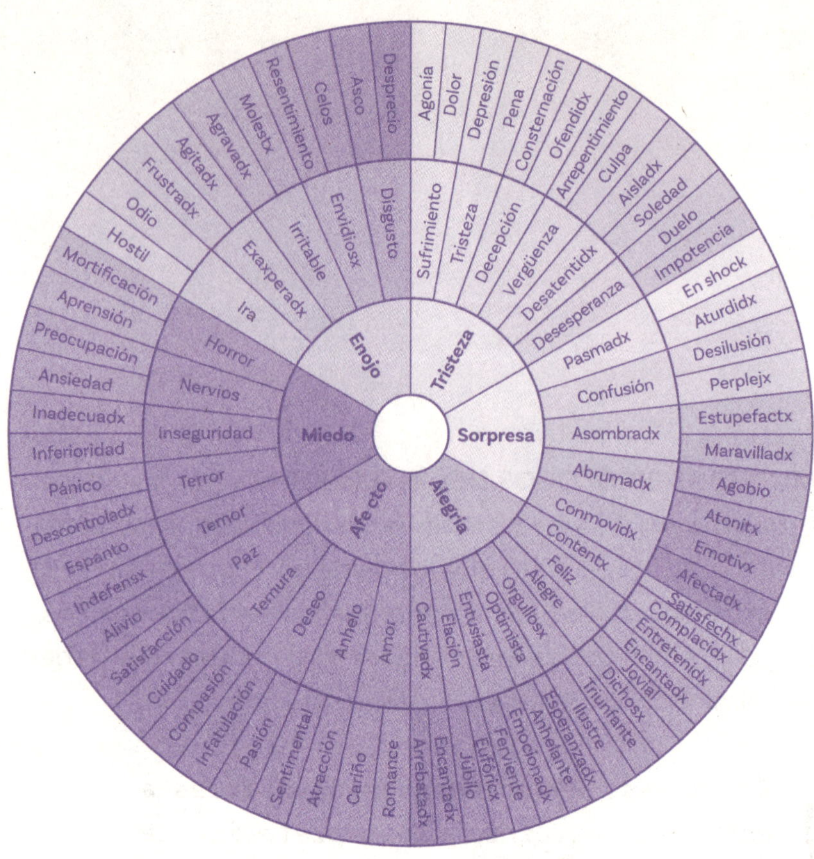

Basado en la rueda de Junto Institute

De todo eso, solo una cosa es cierta: los celos me avisan que hay una necesidad que no está siendo atendida; al relacionarlos con la interacción que mi pareja tiene con otra persona, puede surgir enojo (injusticia). Detrás de ese enojo, podemos encontrar una necesidad de reconectar con nosotros mismos o de obtener seguridad en la relación.

Ahora, mi estimado lector, ¿recuerdas lo que hablamos acerca de la seguridad? **Es una necesidad humana, no un capricho, ni señal de que hay algo mal contigo.** Tu cerebro lo procesa como algo básico para tu bienestar. Y aunque es posible encontrar formas de sentir seguridad por ti mismo, insisto en que no somos una isla y nuestras relaciones son indispensables, tanto de amistad como románticas.

Para las personas que son capaces de relacionarse éticamente, desde un lugar responsable para crear un espacio seguro, la palabra "dependencia" no es algo malo, ni tóxico ni enfermo. Todas las personas dependemos de otros todo el tiempo. Recuerda que lo tóxico es una dinámica donde solo tengo UNA forma de obtener lo que requiero ya que eso es muy poco funcional (si no está disponible, me quedo vulnerable).

¿Los celos son sanos?

La respuesta que recibo automáticamente es un fuerte, categórico e inmediato NO.

Esto generalmente viene de confundir lo que siento con lo que hago. Por ejemplo, es totalmente válido, funcional y sano sentir enojo. Además, no es algo que yo pueda controlar. Sin embargo, eso no es igual a cómo lo expreso o gestiono. Si uso mi enojo para ejercer violencia en mis vínculos sin considerar el contexto o mi relación, se vuelve una forma disfuncional de atender esa emoción.

Una vez más: mis sentimientos vienen de emociones y todas mis emociones son mensajes que mi cerebro le manda a mi cuerpo para comunicarse conmigo. Recuerda que el trabajo principal de tu cerebro es mantenerte con vida, por lo que todos sus mensajes tendrán ese propósito.

Afortunadamente, ahora sabes que cada emoción básica (MATEA) tiene una necesidad de la que me está avisando. Los celos funcionan de la misma manera. Te pongo un ejemplo: cuando cumplí 30 años, celebré mi cumpleaños en Puerto Vallarta con mi pareja y unos amigos en un evento al que íbamos cada año. Yo no tomo mucho alcohol, ya que se me sube muy muy rápido, pero cómo te explico que ese día yo estaba muy contento y me dejé llevar. Un amigo se acercó y me dijo que tomara agua.

Le dije que sí, pero seguí en el huateque (fiesta) y tomando. Después de un rato, llegó y me repitió que tomara agua, un poco molesto. Asentí con mi cabeza, pero ignoré su petición. Luego llegó con una botella de agua y con una voz más firme me ordenó que me la tomara. Lo ignoré una vez más y entonces me tomó de los hombros, me puso frente a él y con una voz firme y autoritaria me dijo: "No te vas a mover de aquí hasta que te tomes la botella de agua". En ese momento le hice caso y pensé *Bueno, pero tranquilo, no hay por qué enojarse.*

Si analizamos esa historia posiblemente puedas notar dos cosas. Por un lado, mi amigo estaba intentando cuidarme y yo no lo escuché. Él estaba mucho más consciente de mi necesidad que yo y estuvo tratando de comunicármelo. Por otro lado, el enojo no fue de cero a cien. Hubo varios intentos ignorados de llamar mi atención que fueron escalando hasta que tuvo que ejercer fuerza y llevarme a una sensación desagradable para que le hiciera caso. Eso hacen los celos.

Gotitas de poliamor

¿Qué mensajes has recibido acerca de los celos?

¿Quiénes te lo inculcaron? ¿Cómo son sus relaciones?

Tus celos son tus amigos

Este es uno de los primeros temas de los que hablé en redes y obtuvo un gran alcance. Ese concepto surgió mientras reflexionaba acerca de mis propios celos y me preguntaba por qué no había sido capaz de eliminarlos a pesar de haber hecho tanto trabajo personal por mi cuenta y en terapia. El gran problema es que, en lugar de entenderlos y atenderlos, los ignoraba como lo hice con mi amigo. En mi cabeza era como que al sentir celos, en lugar de dejarlos estar y escucharlos, me los tragaba. Sin darme cuenta, de pronto ya estaba tan lleno que cualquier otra cosita me hacía explotar.

Por eso es que los celos son amigos, no comida. Si los escucho y permito que me acompañen, me guiarán a cuidarme y mejorar mis relaciones, pero si me los trago, me harán daño.

¿Por qué es difícil escucharlos?

Los celos son como esos "amiguitos" que les caían mal a nuestros papás. Recibimos constantes mensajes de que no deberían ser parte de nuestra vida, son mala influencia y no llevan a nada bueno. Solo que en este caso no es únicamente nuestra familia quien los juzga y rechaza, sino la sociedad en general.

Además, son una sensación muy muy desagradable. En mi caso lo más común es sentir que no puedo respirar, mucha tensión en mi cuerpo y dolor en el pecho. Pedirme que me siente a escucharlos era como esperar que me dejara hundir cuando me estoy ahogando. Puedo mandar la señal a mi cuerpo de que quiero que se quede quieto, pero pareciera que todos mis instintos me gritan que debo manotear, patalear y hacer todo lo posible por mantenerme a flote.

Esa desesperación incontenible que llegué a sentir me llevó a perder el control de mis reacciones. A llorar, reclamar, detener mis actividades y hasta alejarme de mi pareja con tal de encontrar algo de alivio (que en realidad nunca llegaba). Al final, concluía que estaba siendo tóxico e irracional, por lo que, de nuevo, trataba de hacer exactamente lo mismo, intentando aguantar, pero obtenía el mismo resultado.

Después de años de haber aprendido a gestionarlos y conocerlos mejor, puedo identificar el mensaje con mayor facilidad. Aunque siendo completamente honesto, no siempre puedo y no siempre me sale. A veces aún me abruma mucho. Por fortuna, a partir de todo lo que he aprendido, puedo hablar con mi pareja acerca de cómo puede acompañarme y ayudarme a sentir seguridad y regularme cuando no puedo hacerlo solito.

Gotitas de poliamor

¿Qué juicios te has hecho a ti mismo por sentir celos?

¿Qué hace que te sea difícil escucharlos?

¿Cómo los escucho?

A. Valídalos

La primera vez que Marco llegó tarde de trabajar después de haberse mudado conmigo, tuvimos un momento muy dramático. En una ocasión me había contado que hace algunos años había tenido un encuentro con alguien que vivía en el edificio junto a la clínica donde estaba. Siendo que vivíamos muy cerca, él llegaba a casa a lo mucho a las 8:30 de la noche. Ese día, llegó como una hora más tarde. Cuando entró al departamento, yo estaba lavando los trastes como buen mexicano a punto de hacer drama. Se acercó y me preguntó si estaba bien.

Aquí hago una pausa para platicarte lo que había pasado por mi mente hasta ese instante. Cuando noté que se había tardado más de la cuenta, sentí un pequeño shock que recorrió todo mi cuerpo. Mi respiración se agitó y se volvió más superficial. En mi mente surgió la pregunta *¿Y si se fue con aquel hombre?* Inmediatamente empezó a correr en mi imaginación una película donde Marco y ese sujeto se habían topado en la calle para luego ir a su departamento. Intenté ignorar mi sensación y mis pensamientos intrusivos. Traté de recordarme a mí mismo la confianza que tenía en Marco y lo importante que era nuestra relación para él. Ya que todo eso falló, decidí distraerme y me puse a lavar los trastes, con muy poco éxito.

Regresando a la historia, lo miré a los ojos y le dije que no estaba bien. Me preguntó qué podía hacer para ayudarme y le contesté: "Primero quiero que sepas que esto no tiene nada que ver contigo, es solo una película que está corriendo en mi mente. En este momento, la realidad no me importa. No me es relevante si lo que imagino sucedió o no, ya que de todos modos lo estoy viviendo en mi cabeza. Me siento muy alterado y me gustaría poder platicarlo contigo. No es para reclamarte nada, no te estoy acusando de nada y únicamente quisiera que me escucharas y validaras lo que me pasa".

Para mí era esencial comunicarle que mi deseo era que entrara a ese bosque oscuro conmigo a ver la película de terror y me abrazara, entendiendo por qué me daba tanto miedo. Cuando me dijo que estaba de acuerdo, me solté a llorar y le dije que tenía mucho miedo de que se hubiera ido con aquel personaje. Él me escuchó, me abrazó y me dijo que me amaba. Pero lo más importante fue que me dijo: "Escucho lo que me dices. Si yo hiciera eso, claro que te sentirías traicionado y enojado. Entiendo que te haría mucho daño y no imagino cuánto dolor sentirías".

En ese momento, mis celos desaparecieron y quedó una sensación de alivio y amor. Aunque no había cambiado nada, aunque no sabía si había sucedido o no, en ese momento mis celos se sintieron escuchados y desaparecieron.

Validar mis celos no quiere decir justificarlos. Simplemente es verlos y reconocer su existencia. En este ejemplo, lo que necesitaba era empatía, por lo que al recibirla pude quedarme más tranquilo.

Validar: Reconocer que el sentimiento está ahí. No la razón, ni la consecuencia, solo el sentimiento. Piénsalo como si te digo: "Estás respirando". No te pregunto si es profundo, superficial, rápido o lento, simplemente es validar que estás respirando. Con una emoción es lo mismo, "Escucho que sientes miedo". Esto no quita responsabilidad de la persona y sigue siendo responsable de sus actos. Ejemplo: "Entiendo y valido que estés triste" (y eso no implica que no tengas que dar un discurso larguísimo).

Entender: Considerar las razones que llevaron a ese hecho, enfocándonos solamente en el presente, manteniendo las consecuencias. Es como la historia de Jean Valjean, que roba un pan para alimentar a sus sobrinos. Tiene sentido que la desesperación de ver a un infante sufrir y con la posibilidad de morir lleven a actos extremos. Eso no elimina que la persona ha cruzado una línea.

Justificar: Librar a una persona de las consecuencias de sus actos. A diferencia de la validación, en este caso tomo tu emoción como una razón y una excusa para tus actos. Ejemplo: Como estás triste, ya no tienes que entregar tu ensayo.

Por supuesto, esto requiere que yo pueda expresarme sin atacar a la otra persona. En el capítulo 11 te compartiré algunas técnicas de comunicación que ayudan a evitar que suceda.

B. Identifica tus detonantes

Hace 10 años, cuando Marco y yo comenzamos nuestra relación, yo sabía que quería intentar una relación abierta eventualmente, aunque me daba mucho miedo. Lo había intentado antes hasta cierto punto, pero con resultados no muy agradables, por lo que le pedí que esperáramos un tiempo antes de platicarlo. Al cabo de un año y medio, surgió el tema y le pedí paciencia y apoyo para poder explorar mis celos antes de estar con otras personas. Practicamos un ejercicio para identificar detonantes desde la fantasía. Él me tuvo mucha paciencia y empatía, yendo paso a paso y deteniéndose cada que empezaba a abrumarme.

Para comenzar, establecimos un protocolo a seguir cuando yo sintiera que había sido demasiado. En cualquier momento durante el ejercicio, yo podía pedirle que se detuviera y entonces, sin necesidad de explicar o cuestionar, él me abrazaría y me diría que soy importante para él, que me elige y que está conmigo. Ese fue un elemento clave para sentirme seguro y confiado durante el ejercicio.

El primer paso fue que él pensara en una experiencia sexual con otra persona. Poco a poco, él fue describiendo lo que pasó, revisando cómo me sentía. La primera vez lo detuve en cuanto me dijo que empezó a ligar con este chavo en cierto lugar. El simple hecho de imaginarlo viendo a otra persona y sonriéndole fue demasiado para mí.

Como habíamos acordado, se detuvo y me dio reafirmación.

Ese primer momento me permitió identificar un detonante: ver a mi pareja sonriéndole a otra persona como me sonríe a mí. Al analizarlo un poco concluí que mi miedo era a dejar de ser especial para él porque si les sonríe así a otras personas, la sonrisa para mí pierde valor.

Como vimos en el capítulo 5, este ejercicio me ayuda a encontrar la necesidad detrás del miedo. En este caso, yo necesitaba sentirme especial.

C. Planea rutinas de seguridad

Conocer tus detonantes no hace que dejes de reaccionar a ellos inmediatamente. Recuerda que estas programaciones han sido parte de nuestro cerebro durante mucho tiempo y en algún momento de la vida nos han salvado. La explosión de tensión, miedo o enojo que los acompañan pueden seguir surgiendo como un reflejo. Eso no puedes cambiarlo. Lo que sí puedes cambiar es qué haces con eso.

Si aplicas los ejercicios del capítulo 5 a los celos, vas a encontrar que funciona de igual manera: vas a lograr ir de ese sentimiento desagradable a la emoción básica y, de ahí, a la necesidad.

Yo encontré que, la mayoría de las veces, mis celos vienen de mi miedo a desaparecer de la vida de mi pareja. Más allá de temer perderlo o que conozca a alguien mejor que yo, lo que me abruma es la posibilidad de dejar de existir para él. Al descubrir esto, pude pensar qué hacer cuando siento celos.

Gotitas de poliamor

Por cada punto de esta sección (A, B y C),
escribe ideas que te ayuden a explorar tus celos.

¿Cuáles de esas pudiste haber aplicado en el pasado?

¿Cómo podrías aplicarlas en el futuro?

¿Por qué hay gente que no siente celos?

Me ha sorprendido con cuánta frecuencia escucho esta pregunta, pero no por la pregunta en sí, sino por el significado que le pone la gente. El mensaje es que esas personas que no sienten celos son más revolucionadas, están más deconstruidas o simplemente son menos tóxicas que alguien que sí los siente.

Lamento decirte que nada de eso es acertado. Como ya vimos, los celos son un sentimiento que viene de una emoción básica y una idea acerca de mi pareja. Cuando he platicado con estas personas, la respuesta que obtengo generalmente es "Sí llego a sentir algo de enojo o molestia, pero no celos", sin darse cuenta de que ¡eso son celos!

A lo que se refieren es que no sienten el deseo de violar la privacidad de su pareja, reaccionar violentamente, prohibirle hacer algo o salir con alguien; en otras palabras, como sus emociones y reacciones no se parecen a lo que los medios nos dicen que son los celos, asumen que no los sienten. En ese caso, no insisto en el hecho de que sean celos o no. Simplemente me enfoco en la emoción de la que me están hablando y hago el mismo proceso.

Ahora, el verdadero problema que encuentro surge en la dinámica con la pareja. Algunas veces esta idea de no sentir celos los lleva a sentir superioridad y desdén por su pareja.

Eso imposibilita la empatía y solo le echa más leña al fuego de inseguridad que generan los celos. Ten mucho cuidado con el mensaje "Si yo no siento celos, tú tampoco tendrías que sentirlos".

"Celos" es solo un nombre que le damos a la experiencia de sentir miedo, tristeza o enojo asociados a nuestra pareja y su interacción con otras personas. Si no sabes cómo manejarlos o cómo entenderlos, quítales el nombre de "celos" y enfócate en las emociones básicas.

Celos retrospectivos

Otro tema que surge muy frecuentemente: ¿qué hacer si siento celos de cosas que pasaron antes de que iniciáramos nuestra relación? Más de una vez intenté empezar una relación estableciendo "borrón y cuenta nueva", pidiendo no hablar de exes, ni interactuar con ellos. Nunca me funcionó.

De una forma u otra, sucedía que me enteraba de cosas del pasado de mi pareja, sobre todo conforme transcurría más tiempo. Y lo único que realmente sucedía era que no estaba preparado para lo que iba a pasar de todas formas. ¡Eso sin incluir a parejas que tenían amistad con sus exes! Voy a parecer disco rayado, pero es que realmente todas estas situaciones son lo mismo, aunque parezcan diferentes. Cuando surgen celos por algo que pasó o que temo que pase, lo trabajo exactamente igual que cuando algo está sucediendo en este momento. A fin de cuentas, sigue siendo una amenaza que mi cerebro está percibiendo y una necesidad que no estoy atendiendo en este momento.

Todo lo que sientes lo sientes en el presente. Aunque sea un recuerdo o una fantasía del futuro, lo que reacciona es mi cerebro HOY. No puedes cambiar el pasado, ni viajar al futuro.

> Compersión: Sensación agradable al ver a tu pareja compartir un momento romántico (no sexual) con otra de sus parejas. Este término es parte del poliamor, pero erróneamente se considera el opuesto a los celos. Puedes sentir compersión y celos al mismo tiempo. Además, la compersión no es un requisito para tener una relación poliamorosa exitosa y feliz.

Qué hacer con ellos

En esta sección te comparto algunos ejercicios que te ayudarán a gestionar tus celos. Sin embargo, recuerda que el objetivo no es dejar de sentirlos, sino aprender a escucharlos. Entre más tardes en hacerlo, más intensos e incómodos se volverán. Si logras identificarlos en sus etapas más tempranas, es probable que la molestia sea mínima y te ahorres mucho sufrimiento innecesario.

El ejercicio principal que utilizo es el de validarlos, identificar la emoción básica detrás y utilizar esa información para conocer la necesidad que no está siendo satisfecha. Adicionalmente, te dejo otras estrategias que pueden ser útiles.

Ya estamos en el entendido de que los celos no son malos ni tóxicos. Más bien, son esos amigos jodones y desagradables que tienen tu bienestar en mente, pero una forma muy fea de ayudarte. Esto implica que no es fácil trabajarlos y lo que generalmente sucede es que los rechazamos, sufriéndolos muchísimo, o nos dejamos llevar por ellos y explotamos reaccionando de formas que no son nada beneficiosas para nadie.

Desafortunadamente, no hay un *hack* del internet que te quite los celos y te vuelva un ser divino sin sentimientos (ah, porque recuerda que los celos son eso). Lo que sí hay son técnicas y estrategias que puedes probar para mejorar tu relación con ellos.

Una de esas opciones es leer *The Jealousy Workbook*, de Kathy Labriola. Este libro tiene 42 ejercicios diferentes que ayudan a abordar los celos. ¿Todos son un *win*? No. Yo estoy de acuerdo con muchos, no tanto con otros y hay uno que otro que me parece completamente contraproducente. Puedes leer el libro y echártelos todos para decidir por tu cuenta, pero mientras te voy a compartir algunos de mis favoritos, junto con varias cosas de mi cosecha.

Confía, pero no ciegamente

Hay un pasaje del libro que dice: "Sí confío en ti y en tu integridad, pero no por eso confiaría en que puedes volar un avión sin ningún entrenamiento previo". Suena superlógico, ¿no? Piensa el empezar una relación con alguien nuevo (monógama o poliamorosa) precisamente como algo así. Es aprender a manejar una situación novedosa con herramientas que quién sabe si me sirvan. Aquí la confianza está en la compasión de saber que tienes mi bienestar en mente, no en que siempre vas a actuar cumpliendo todas mis expectativas a la perfección.

Basar tu seguridad en que la otra persona nunca va a equivocarse es una receta que definitivamente va a fracasar. Considera que el compromiso que tienen no es solo "siempre hacer lo correcto". Es una combinación de amor, lealtad, amistad, química, historia compartida y cómo se han ido involucrando mutuamente. Toma en cuenta todo lo que sí hay y revisa qué es negociable y qué no.

Al saber que estás entrando en territorio desconocido, vas a encontrarte con mucha novedad, no toda bonita, ni agradable. Cuando te enfrentes a momentos que te lleven a sentir enojo, miedo o tristeza, ten en mente que estas emociones tienen una función y puedes aprovecharlas. Confía en eso que sientes para poder expresar tus necesidades y asegurarte de que estás siendo atendido por ti mismo.

Tus sentimientos son válidos, aunque no siempre sean reales. Puedes sentirte abandonado sin necesidad de que alguien realmente te esté abandonando. Aquí entra el poder validar lo que siento y saber que es suficiente que lo sienta para que le haga caso.

Confía también en que estás entrando en una relación con otra persona que tiene agencia, deseos, necesidades y una historia. Entrar en cualquier relación implica perder libertad y control. Si quieres ser totalmente libre de hacer lo que quieras sin tener que preocuparte por cómo esto afecte a otras personas, eso es más bien estar desvinculado o soltero (y yo tendría mis dudas).

Prepárate a aceptar menos que perfección de ti y tu pareja. Van a equivocarse y habrá cosas que les duelan, pero lo importante es cómo se acompañan, se validan y reparan.

Gotitas de poliamor

De alguna forma, ¿consideras que tu pareja no puede equivocarse para mantener tu confianza?

¿Qué áreas de tu vida consideras que necesitan más atención para no perder la confianza?

¿En qué áreas de tu vida has descubierto que es más fácil ser flexible?

Calibra tus celos

Como todos los sentimientos asociados con las emociones desagradables, los celos son algo que queremos quitarnos inmediatamente. Rara vez nos detenemos a ver qué tan intensos, insoportables o manejables realmente son. Hasta pareciera que todas las situaciones son extremas siempre y no podemos con ellas.

Prueba este ejercicio:
Imagina a tu vínculo besando a alguien más. Revisa qué te pasa a nivel corporal.

¿Cómo vives los celos?
¿Surgen tensiones, dolor, incomodidad?
¿En qué parte de tu cuerpo están más presentes?

Ya que lo hayas ubicado, asígnale una "intensidad" del 0 al 10, donde el 0 es "no siento absolutamente nada" y 10 es "insoportable y no manejable".
Ahora imagina que después de besarse, mantienen la mirada fija el uno en el otro y se dicen cuánto se gustan y se desean.

Revisa si es más intenso o menos.
¿Lo sientes en el mismo lugar?

Si la experiencia anterior era 10,
¿sigue siendo 10?

Experimenta con diferentes escenarios para encontrar tus detonantes. Es posible que al principio sientas que la primera experiencia es un 10, pero vayas dándote cuenta de que hay cosas que te amenazan mucho más. Esto puede ayudarte a encontrar que no todo es catastrófico, aunque se sienta muy feo. Cuando negociamos acuerdos y límites, esta información es esencial para saber qué podemos ofrecer, con qué podemos trabajar y qué es no negociable.

No todo lo que duele lastima. El proceso de conocerme y cambiar dinámicas disfuncionales va a ser muy incómodo y me va a dar miedo, pero eso no quiere decir que me esté lastimando. Aprende a identificar esa diferencia y podrás explorar con más confianza nuevas áreas de tu relación.

Por ejemplo, en mi caso sentía que mi pareja fuera a tener sexo con otra persona como algo impensable, era un 10 definitivo, por lo que no encontrábamos ningún tipo de campo para negociar y avanzar. Desmenuzando mi experiencia un poco y experimentando con escenarios en mi cabeza, me di cuenta de que no era lo mismo para mí que fuera a tener sexo a un lugar de encuentro con alguien cuyo nombre no conocía a que lo hiciera en nuestra cama con un amigo cercano. Eventualmente fui capaz de detectar que la idea de que tuviera sexo con otra persona no era tan amenazante si es que no había conexión emocional, por lo que era un buen lugar para empezar. Así pude ir exponiéndome a situaciones manejables, experimentando con acuerdos y peticiones que me hacían sentir seguro antes de pasar a algo que fuera más amenazante.

Recuerda que nada urge lo suficiente como para ponerlo por encima del bienestar de alguien involucrado en la relación. Y si me urge tanto, es mejor renegociar y revisar si es la relación que necesito en este momento.

Creencias fundamentales

Para quienes hemos crecido en una sociedad donde los mitos del amor romántico son incuestionables al punto de que ni siquiera nos damos cuenta de cómo rigen nuestra vida, es muy común que nos encontremos con creencias fundamentales que nos dicen qué está bien y qué no. El punto de estas creencias es poder guiarnos para obtener lo que queremos y necesitamos, el problema está cuando no las hemos cuestionado para ver si realmente queremos ir al lugar hacia donde nos están llevando.

El trabajo aquí está en poder reprogramar nuestro cerebro para actualizar su sistema operativo y que sea más compatible con lo que realmente necesitamos. Para lograrlo, te comparto tres creencias fundamentales que tal vez tengas (originalmente de Kathy Labriola).

Al leerlas, hazte estas tres preguntas:

A. ¿Qué tanto lo creo?

Es posible que tu reflejo sea decir: “Ah, claro, sí creo eso”, pero detente un momento a observar qué tanto está realmente presente en tu vida. Si le mueves un poquito, ¿se tambalea esa creencia? O tal vez es algo que te parece sagrado y que te da una seguridad que no sabes cómo encontrar en otro lado.

B. ¿Ha cambiado con el paso de mis relaciones?

Siendo que están tan grabadas en nuestro ser desde que cantábamos todas esas canciones románticas o de Disney que nos prometían encontrar el verdadero amor y no teníamos que hacer nada para lograrlo (ya si no lo encuentras, pues ni modo, sufrirás eternamente), tal vez te des cuenta de que tu propia experiencia de vida es evidencia de que no todo era cierto. Trata de ver tus relaciones a través del lente de estas creencias fundamentales y pregúntate si algo ha cambiado.

C. ¿De dónde viene?

No, no me voy a poner freudiano. Sin embargo, conocer mi historia sí me ayuda a tener claridad y encontrar por qué es que tengo estas creencias tan arraigadas. ¿Son cosas que me decían de chiquito? ¿Quién me las decía y por qué le creí? ¿Cómo le fue a esa persona con esa creencia?

Kathy Labriola propone las siguientes creencias fundamentales que muchos de nosotros tenemos al respecto de nuestras relaciones.

Primera creencia fundamental

> "Si mi pareja me amara, no desearía sexualmente a nadie más".

Hay un problema enorme con esta creencia. Para empezar, supone que el hecho de que yo me sienta atraído por alguien más es una situación voluntaria, ¡como si el decir "ya somos novios monógamos" fuera un hechizo que interrumpiera mis reacciones fisiológicas! Por otro lado, también asume que el amor y la atracción sexual son lo mismo (que es un mito del amor romántico).

Considera la posibilidad de que tu pareja te ama y elige estar contigo aun si hay otras personas que le atraen. La otra persona tiene agencia y puede tomar decisiones.

Prueba esta nueva creencia fundamental: "Mi pareja me ama y no tengo que ser la única persona en su mundo para que así sea".

Segunda creencia fundamental

> "Si yo fuera suficiente y buen esposo/novio/ amante, mi pareja no tendría la necesidad de salir con nadie más".

Particularmente en la no monogamia podemos encontrarnos con este problema. Aquí hay una trampa narcisista donde creo que todo tiene que ver conmigo porque yo soy el ombligo del universo (mío y de los demás). No es necesariamente mi culpa, ya que eso es lo que nos enseñan desde chiquitos, pero sí es una oportunidad para analizar si realmente lo creo. Yo no puedo hacer nada para que alguien más me ame ni para que deje de amarme. Esa es una decisión, no algo que yo pueda modificar.

Prueba esta nueva creencia fundamental: "Mi pareja me ama porque así lo decide y no hay nada que yo pueda hacer para que me ame más o deje de hacerlo".

Tercera creencia fundamental

> "No se puede amar a más de una persona a la vez".

Nos enseñan que el amor es escaso y aguas con andar regándolo por todos lados. ¿Qué pasaría si regáramos amor por todos lados? No es como que el cariño sea una moneda de cambio que se devalúe entre más la uses y más gente la tenga, al contrario. Explora cómo son tus interacciones con personas que amas y si el darle amor a uno hace que ames menos a otro. Cuando empezamos en el poliamor, esta creencia es particularmente amenazante y dañina.

Prueba esta nueva creencia fundamental:
"El amor es abundante y amar a alguien solo genera más amor".

Retoma tu agencia

Tu agencia (capacidad de actuar y hacer) es esencial para no caer en un lugar de víctima donde nada es tu culpa y eres completamente incapaz de hacer algo al respecto. Los celos y las emociones desagradables pueden ser gestionados, aunque no sea necesario (o posible) eliminarlos completamente. Toma responsabilidad de tu bienestar encontrando tus detonantes, aprendiendo a poner límites firmes y amorosos, negociando desde tus necesidades y amando éticamente.

¿Tus celos vienen de adentro o de afuera?

Aunque es muy común asumir que cuando siento celos el problema es mi falta de deconstrucción, recomiendo primero revisar el contexto y tu relación. A veces, el problema no eres tú.

A mí me es muy útil este ejercicio creado por Kathy Labriola para su libro *The Jealousy Workbook*:

1. Para las siguientes preguntas, solo tienes dos respuestas disponibles, *sí* o *no*. Todo lo que no sea *sí*, es *no*. "No sé", "Tendría que preguntarle", "No estoy seguro", "Antes sí" y todas sus variables se tomarán como un *NO*.

a) Obtienes un recurso muy valioso de tu pareja, que puede ser afecto, amor, lealtad, confianza, prioridad, atención sexual, tiempo o espacio. ¿Tienes miedo de perderlo porque se lo dé a alguien más?
b) ¿Hay otra persona que quiere ese mismo recurso?
c) ¿Te sientes en competencia directa con esa persona y sabes que no hay suficiente del recurso para que ambas personas tengan lo que quieren?
d) ¿Crees que si estuvieran compitiendo por ese recurso tú definitivamente perderías?

Ejemplo 1:

Mi pareja y yo decidimos pasar su cumpleaños juntos. Me comenta que un amigo suyo le compró boletos para un show que a mi pareja le encanta y me pide que celebremos otro día para que pueda ir. En el pasado hemos tenido una situación similar y siempre termina yéndose con el amigo, así que mejor me doy por vencido.

a) Recurso: Tiempo y ocasión especial.
b) Un amigo suyo.
c) Mi pareja tiene que decidir si ir con él o conmigo.
d) Tengo evidencia de que perdería.

En este caso, mis celos no vienen de ideas en mi cabeza, traumas pasados o miedos, sino de una situación particular en mi relación. El trabajo aquí está en la relación. Mis celos me están avisando que no estoy cómodo con esta dinámica y es necesario hablarlo y llegar a nuevos acuerdos.

Ejemplo 2:

Mi pareja y yo decidimos abrir nuestra relación para estar con otras personas sexualmente. Él y yo nos vemos tres días a la semana generalmente o un máximo de cuatro. Esos días nos quedamos a dormir juntos. Ahora que hará planes con otras personas, me da miedo que nuestra relación cambie y pierda lo que tenemos.

a) Cuatro días a la semana juntos.
b) No hay nadie en este momento.

c) Si conociera a alguien, podría verle en los días que no nos vemos.
d) No tengo evidencia de que elegiría a alguien por encima de mí.

En este caso, mi situación no está afuera de mí, sino que viene de algún miedo no atendido o necesidad no expresada basada en mi experiencia. Algo superimportante es que esto NO hace tus celos menos válidos y NO estás exagerando. La solución no es "aceptar que no pasa nada y ya". Ahora que ya identificaste ese miedo, puedes atenderlo directamente. Ya que el problema es miedo de perder ese tiempo juntos, puedes preguntarte qué necesitas para sentir más seguridad de tu tiempo con tu pareja.

2. Ahora que tienes esas respuestas, regresa a revisarlas y para cada una contesta la siguiente pregunta. Te recuerdo que todo lo que no es SÍ, es NO:

- ¿Tengo evidencia de esto o es algo que me imagino, temo o supongo?

Evidencia puede ser experiencia directa o indirecta. Si no tienes evidencia, por más acertado que creas que eres o aun si "le atinas", estás suponiendo.

3. Si TODAS las respuestas son SÍ, tomando en cuenta las cuatro del punto uno y la del punto 2, lo más probable es que sean lo que yo llamo "celos externos". Estos me llevan a observar mi relación e identificar una dinámica que no funciona, en la que participamos ambos. Puede ser que yo no esté

siendo honesto acerca de lo que me molesta, que no me sienta libre de expresar mis necesidades o que algún acuerdo esté ambiguo y se esté rompiendo.

Si al menos UNA respuesta es NO, lo primero que hago es verificar que no sean lo que yo llamo "celos internos". Sigue siendo algo que yo trabajo con mi pareja, pero a diferencia de los externos, estos no vienen necesariamente de una dinámica que tenga con mi pareja. Probablemente vienen de experiencias pasadas y de miedos no atendidos. En ese caso, nuevamente busco validarlo con mi pareja y establecer estrategias que puedan ayudarme a sentir seguridad.

No sirve quemarle el huerto. Imagina que tu relación es una casa con un jardín donde tu pareja y tú plantan lechugas. Un día, ves que tu pareja tiene otro huerto con otra persona (no necesariamente su pareja romántica o sexual), pero ellos sembraron zanahorias. Te das cuenta de que tú también quieres zanahorias. Si vas y le quemas el huerto, nadie tendrá zanahorias, ni siquiera tú. En lugar de eso, ahora que sabes que quieres zanahorias, puedes buscar la forma de plantarlas en tu huerto.

Muévete de la exclusión a la pertenencia, del abandono a la autonomía y de la privación a la responsabilidad

El doctor Dave Doleshal, un psicólogo que se identifica como poliamoroso y además es cofundador de la World Polyamory Association, dice que estas tres son respuestas ante sentirse restringido en una relación. Particularmente, nos lleva a un lugar de victimización donde nosotros mismos renunciamos a nuestro poder y le entregamos toda la responsabilidad (y culpa) a nuestra pareja. Aun cuando el análisis que propone está enfocado a relaciones no monógamas, como todo en este libro, yo considero que funciona perfectamente bien en cualquier tipo de relación.

De exclusión a pertenencia

Jonás fue la primera pareja oficial de Marco mientras estábamos explorando el poliamor. Tenían varios gustos en común que Marco y yo nunca habíamos compartido, entre ellos estaba el amor por la naturaleza. En una ocasión se fueron a una montaña a pasar el día y subieron varias fotos muy contentos. Al verlas, inmediatamente todo mi cuerpo se tensó, dejé de respirar y sentí un calor muy desagradable quemando mi piel. Estaba furioso de que conmigo nunca hubiera ido a la montaña, ¡YO, su pareja durante seis años!

Entonces un amigo me preguntó si yo en verdad quería ir a la montaña, a lo que respondí que definitivamente no. No es algo que yo disfrute. Sin embargo, verlo haciéndolo con alguien más desató una sensación de exclusión que me dolía mucho. Mis celos no me estaban comunicando que quería ir a la montaña con Marco, sino que sentía una amenaza a mi relación. Entonces la solución fue moverme a la pertenencia.

Para empezar, hice una lista de lo que YA hacemos que me brinda esa sensación de que pertenezco a nuestra conexión. Nuestro hogar compartido, chistes locales, rutinas e interacción con nuestras familias. Cuando eso no fue suficiente, era momento de comunicar una petición. El objetivo era encontrar una cosa más que reforzara nuestro vínculo desde la pertenencia.

En apariencia, el hecho de que Jonás no existiera eliminaría la amenaza, pero realmente mi necesidad de seguridad en la pertenencia persistiría y surgiría en cualquier otro vínculo, aunque solo fueran amigos de él. Lo que me funcionó fue planear una actividad que únicamente compartiéramos él y yo.

Del abandono a la autonomía

Cuando estaba en la universidad, una maestra nos dijo que nadie podía abandonarnos. Por supuesto que hubo mucha confusión e incredulidad. Ella nos explicó que abandonar significa dejar a alguien indefenso a su suerte, por lo que realmente solo puedes abandonar a un infante o a un perro (y le agregaría a cualquier persona que no pueda valerse por sí misma). Lo que sí podemos hacer es *sentirnos* abandonados.

Cuando terminé mi relación a larga distancia con Daniel, una pregunta surgió en mi cabeza y se rehusaba a irse: *¿Y ahora qué hago?* Yo estaba en el departamento que rentaba por mí mismo en México, por lo que tenía un hogar, tenía un trabajo estable, una gran red de apoyo y un proyecto personal a futuro. Entonces ¿por qué me sentía tan frágil, vulnerable y, sobre todo, abandonado? Puedo decirte que es de los momentos más oscuros que he vivido en toda mi existencia, me sobrepasó y perdí toda perspectiva.

Si te ha sucedido algo así, primero quiero decirte que NO estás exagerando. Tu dolor es real, tu dolor es importante y tu dolor es terrible. Recuerda que tu cerebro está reaccionando de la misma forma que si tu vida estuviera en peligro.

En ese momento, lo importante es enfocarme en cosas que puedo *hacer*. En otras palabras, enfocarme en mi agencia. Tomar pequeñas decisiones para poco a poco empezar a sentir que tengo el poder de moverme. Esto va desde reorganizar mi recámara, levantarme e ir a caminar, cocinar algo o bailar. La clave es recordarle a mi cerebro que hay otras áreas de mi vida donde SÍ puedo hacer cosas y no puedo ser abandonado.

De la privación a la responsabilidad

Una de mis tendencias disfuncionales es hacer que mi relación o relaciones románticas se vuelvan todo mi mundo. Comparto todo mi tiempo, intereses, emociones, planes y espacios con esas personas. Por lo que mi vida se vuelve un blanco y negro, o lo tengo todo cuando están o estoy vacío cuando se van.

Cuando empecé a trabajar por mi cuenta, pasaba la mayor parte del día en casa solo. En ese tiempo tenía dos vínculos independientes y ambos trabajaban durante el día, por lo que no los veía hasta tarde. Además, yo buscaba balancear el tiempo para que ninguno de los dos se sintiera relegado por el otro. Rápidamente empecé a sentirme frustrado y cansado, de alguna forma viviéndome saturado y, al mismo tiempo, vacío. Pensaba que la solución era que me dieran más atención y más tiempo, pero además de que era imposible, cuando sucedía no quitaba que yo pasara el día solito. Le adjudicaba mi malestar a que no estaba recibiendo suficiente amor y cercanía.

Pasar a la responsabilidad significó detenerme a revisar cómo estaba yo contribuyendo a esta situación. Mis acciones iban todas dirigidas a compensar y conectar con ellos, lo que me dejaba a mí drenado y sin cambiar el tiempo que pasaba solo. Al percatarme de esto, hablé con un amigo que también trabajaba desde casa para que me visitara y pasara tiempo conmigo, cada uno trabajando por su parte. Por otro lado, retomé parte de mis tardes y noches, haciendo planes que me llenaran como salir con amigos o hacer algún proyecto personal. La solución a mi sensación de insaciabilidad era hacer algo diferente. Encontrar otras fuentes de satisfacción que no fueran mis parejas.

Ahora, todo lo que te he compartido hasta este momento es muy útil para trabajar contigo y conocerte mejor. Por supuesto, estas gotitas de poliamor pueden aliviar tus dolores de la monogamia. Excepto cuando vas con tu pareja a decirle del libro que estás leyendo y se pone a la defensiva, enojándose de que la estás criticando e insistiendo que la juzgas de que hace todo mal.

Si es tu caso, no te preocupes. Es altamente probable que más bien sea cuestión de comunicación.

10

La confianza no se gana ni se pierde

CUANDO EMPECÉ MI PRIMERA RELACIÓN FORMAL, llegué con la firme idea de que el amor era confianza. Solo que no lo tenía muy bien entendido.

¿Recuerdas que te conté de mi primera pareja que era "el amor de mi vida" en el capítulo 1? Esa misma persona sugirió que fuéramos a un club de sexo del que había escuchado "para experimentar". Al llegar a ese lugar que supuestamente no conocía, pasó por todo el proceso de quitarse la ropa y dejarla en un lugar particular, para de inmediato ir a los cuartos oscuros, mientras yo me quedé esperando con una bolsa de plástico en mis manos sin saber qué hacer.

Junto a mí se sentó un hombre que me preguntó si estaba bien. Comprensiblemente, tuvo que aguantar su risa cuando le dije que mi novio y yo acabábamos de llegar a este lugar desconocido. "Pues tu novio evidentemente lo conoce muy bien", me dijo. Al ver mi cara de confusión y miedo, me dijo unas sabias palabras: "No tienes que hacer nada que no quieras y tampoco tienes que quedarte".

En otra ocasión, estando yo muy enfermo del estómago, lo acompañé "rápido" a ver a su jefa antes de ir a su departamento. Lo esperé y como a la media hora vi a alguien salir del edificio. Le pregunté por Ramsés y me dijo: "Uy, no, él se fue a su casa hace como media hora". ¡Hasta se me olvidó mi malestar del coraje que sentí! Llegué a su departamento a reclamarle que me hubiera dejado solo y me dijo: "Pues no te vi y no tienes ningún derecho a venir a reclamarme nada". Siendo yo joven e inocente, procedí a disculparme y ver una película ignorando mi malestar, físico y emocional.

Ahora, honorable y comprensivo lector, ¿crees que yo podía confiar en una persona así?

Siento decirte que no solo podía, sino que quería hacerlo. Para cada cosa que él hacía, yo encontraba una justificación y pensaba *Puedo confiar una vez más porque ahora sí va a cambiar*. Esa relación duró dos años y medio.

Por otro lado, tuve una relación con alguien que se preocupaba mucho por mí, constantemente me demostraba su amor, su compromiso y su cuidado. Me dio acceso a su celular cuando yo quisiera, me pasaba su ubicación y me presentó con su círculo de amigos, además de ponerme en sus redes sociales. Nunca hubo una sola mentira, engaño o razón para que yo dudara de él. Seguramente ya sabes a dónde va esto. Nunca fui capaz de confiar en él. Siempre tuve miedo y ansiedad de que fuera a engañarme o mentirme. Como es natural, eso le hizo mucho daño a la relación.

Me atrevo a decir que en tu vida es probable que te hayas encontrado en alguna situación similar. Dándole mil oportunidades a esa persona que claramente te está mintiendo y engañando, mientras dudas de aquella que te ha demostrado que no te hará daño.

No hay nada que una persona pueda hacer para que confíes en ella. De igual modo, no hay nada que pueda hacer para que dejes de confiar. Por supuesto que sus acciones van a contribuir a tu decisión, pero así como dice RuPaul: "Aunque hayas consultado a los hechos y la evidencia, la decisión final es tuya".

¿Confío en ti?

Empecemos por asegurarnos de que estamos hablando de lo mismo cuando decimos "confianza".

> Confianza: Creencia de que algo va a suceder, asumiendo que la habilidad, fuerza, discreción o veracidad de alguien será suficiente.

> Creencia: Considerar que algo es cierto o válido. Así como en la película *Intensamente 2*, utilizas tus recuerdos y emociones para formar tus creencias. Si yo tengo la experiencia de que cuando hablo con mis amigos acerca de cómo me siento obtengo empatía y aceptación, genero la creencia de que mis amigos son amorosos. Si sucede lo opuesto, voy a creer que mis amigos son crueles.

La confianza es una CREENCIA, por lo tanto, no es algo que sientas. Más bien, la confianza puede llevarte a sentir seguridad, tranquilidad, calma, relajación o hasta determinación.

Por lo tanto, la confianza también incluye riesgo. Pone mi vulnerabilidad al frente y la deja a merced de la otra persona, quien yo creo que la cuidará. Al ser una creencia, existe la posibilidad de que eso en lo que confío no suceda. Claro que habrá cosas que aumenten la probabilidad y me ayuden a sentir más seguridad, pero nada será absoluto hasta que suceda.

Igual que el amor, para mí la confianza es una decisión, no un accidente.

La confianza también puede ser un arma

Puedes usarla como una, pero ¿quieres? Igual que todas las herramientas, su efecto dependerá de cómo la uses. Y creo que socialmente es absurdo lo común y aceptable que es manipular, dañar y humillar a una persona excusándose con que tiene que "ganarse mi confianza".

Veamos un ejemplo común. Descubro que mi pareja me mintió y se acostó con alguien, a pesar de que tenemos un acuerdo de exclusividad sexual. Es muy poco probable que mi pareja haya pensado *Voy a acostarme con esta persona para hacerle daño a mi pareja, cuando se entere le va a doler muchísimo y eso me hará feliz.* Lo más probable es que estaba pensando en sí mismo y no consideró cómo me sentiría en ese momento. En otras palabras, su intención no era hacerme daño, pero lo que hizo sí me dañó.

Te recuerdo una vez más que en cuestiones de daño y dolor, la intención NO afecta qué tan válido es o no. El dolor que sientes no desaparece ni es menos importante porque la otra persona "no quiso causarte mal". Tu dolor es válido, es importante y requiere atención. Dicho eso, tiene todo el sentido que eso te haga dudar de confiar en tu pareja nuevamente. No vas a querer poner tu vulnerabilidad otra vez donde ya viste que fue herida.

Lo que sucede después es el problema. Como mi pareja me hizo daño, yo ahora tengo el derecho y, aparentemente, la obligación de cobrárselo. Me subo a mi escalón de superioridad moral y reflexiono acerca del precio que tendrá que pagar. Aquí está lo paradójico. Mi pareja no intentó hacerme daño al acostarse con otra persona, su desconsideración y mentira me hicieron daño, pero no era su objetivo. Cuando yo decido castigarla, mi objetivo es que sufra y que le duela. Socialmente yo ahora puedo pedirle que haga lo que yo quiera para que "se gane mi confianza de nuevo". No solo eso, puedo ir cambiando los términos y encontrar nuevas ideas diciéndole que "no es suficiente" y no le creo.

A final de cuentas, esa dinámica solo desgasta la relación porque, eventualmente, mi pareja dejará de confiar en que yo tengo su bienestar en mente, se resentirá y los roles se invertirán. En pocas palabras, termino usando la confianza como un arma para ejecutar mi venganza, a pesar de que no reparará nada y únicamente nos traerá más destrucción.

La confianza como regalo

La única vez que Marco y yo pusimos sobre la mesa el terminar nuestra relación no fue por desamor, ni por odio, sino porque estábamos perdiendo confianza.

En ese tiempo, Marco estaba explorando su primera relación con otra persona, a quien llamaremos Domingo. Inicialmente, Marco me dijo que solo era alguien con quien tendría una amistad con sexo, lo que ya de entrada fue un tema a trabajar para mí. Al hacer acuerdos, le pedí que me avisara cuando esa relación escalara, en caso de que sucediera.

Fíjate cómo no le pedí que "no se enamorara" o "que no tuviera sentimientos por esta persona". Recuerda que no puedo controlar lo que siento, aunque quiera, pero sí puedo controlar lo que hago con lo que siento. Los acuerdos deben estar enfocados en acciones. Tampoco es que me pida permiso, sino que lo platiquemos para considerar cómo me afecta a mí.

De pronto, un día en el carro, Marco contesta una llamada de Domingo y le dice: "Hola, osito". Yo volteé tan rápido que casi se me rompe el cuello. "¿Osito?", le pregunté con mi ceja levantada y mirada inquisitiva. En ese momento, Marco se dio cuenta de lo que había pasado y me dijo: "Sé que nuestro acuerdo era decírtelo antes de empezar a llamarlo así, pero ya no lo haré de nuevo". Me quedé con esa explicación y lo dejé pasar, asumiendo que ese sería el final de la discusión.

Hubo otras ocasiones en las que su relación fue escalando sin que Marco me avisara y se repitió el mismo discurso. Él se disculpaba arrepentido y yo lo perdonaba resentido. Hasta que un día, cenando, Marco me enseña algo en su teléfono y, al desbloquearlo, sale la conversación con Domingo y leo un "te amo". Dejé dinero en la mesa para que pagara, me levanté y me salí del restaurante. Marco me alcanzó diciéndome que sabía que se había equivocado otra vez y que se sentía muy mal. Le pregunté por qué no se le ocurrió decirme que este hombre ya le estaba diciendo que lo amaba. A lo que me contestó: "No, ese mensaje era yo diciéndole a él que lo amo". ¡No te puedo explicar la furia que sentí en ese momento! ¿Cómo era posible que Marco, mi pareja, mi mejor amigo y mi amor, me estuviera haciendo eso?

Al cabo de unos meses de esta dinámica, le dije que no podía más. Me estaba haciendo mucho daño y nuestra relación había caído en una dinámica abusiva donde él seguía haciendo algo que me ocasionaba daño y yo seguía soportándolo, creyéndole una y otra vez. Ahora, desde la compasión, yo asumí que Marco no buscaba hacerme daño, sino que estaba haciendo lo mejor que podía con lo que tenía. Sin embargo, lo que tenía me dolía mucho. A fin de cuentas, su relación con Domingo no era el problema, sino que no fuera capaz de mantener un acuerdo tan sencillo. ¡Solo quería que me avisara! No lo obligué, ni insistí.

Marco me preguntó cómo podía recuperar mi confianza después de todo lo que estaba pasando, a lo que contesté: "No puedes". Ahí fue cuando me di cuenta de que yo mismo estaba poniéndome en un lugar de víctima al renunciar a mi agencia. Todo el poder de mi seguridad dependía de que Marco cumpliera ese acuerdo que claramente no iba a mantener.

Pregunta de examen para ti, apreciado lector: ¿cómo recupero mi agencia en un conflicto como este?

Te voy a contar qué pasó después y te pongo la respuesta abajo para que no hagas trampa. De acuerdo con la definición de *confianza* que te puse al principio, yo ahora tenía experiencias dolorosas de este acuerdo y mi creencia era que no iba a cambiar, por lo que no iba a confiar en ello nuevamente. Pero ¿eso quiere decir que ya no confiaría en Marco? ¡No! Al contrario de lo que nos han enseñado, la confianza no es una y no es generalizable. Por ejemplo, yo confío en que Marquito puede atenderme con sus conocimientos médicos y me tomo la medicina que me recomiende. Si me dijera: "Ven, vamos a subirnos a este avión y yo voy a pilotearlo", por supuesto que me negaría. Mis experiencias y sentimientos con él me han llevado a creer en sus habilidades médicas, pero no tengo ninguna experiencia que me demuestre que pueda volar un avión. Es más, tengo la firme creencia de que no es capaz de hacerlo.

En este caso, a partir de lo que había sucedido, perdí la confianza en que Marco pudiera mantener el acuerdo de avisarme conforme su relación fuera escalando, pero no por eso dejo de confiar en que cuida a nuestros perritos, en que puede atenderme médicamente, en su amor por mí y en sus cuidados.

Ya llegamos a la respuesta que te prometí un par de párrafos atrás. La forma de recuperar mi agencia es poner un límite. Recuerda que un límite es una acción que realizo yo para cuidarme, que no requiere de la participación del otro. Por lo tanto, decir: "Tienes que decirme o me enojo" no es un límite, sino una amenaza. El límite que puse fue "No voy a hacer el mismo acuerdo más de dos veces".

Somos seres humanos y he aprendido a no esperar perfección. Claro que puede que rompa un acuerdo por descuido, por malentendidos o simplemente porque pensó que sí podría cumplirlo y no pudo. El número de oportunidades que des va a depender de ti.

Además, aquí surge un punto muy importante. Yo también había perdido la confianza en mi capacidad de cuidarme en esta situación específica. Forzarme a hacer el mismo acuerdo era traicionarme y ser desconsiderado o hasta cruel conmigo. Por lo tanto, fue necesario aprovechar esas experiencias para poner ese nuevo límite.

Por su lado, Marco también recuperó su agencia poniendo el límite "No voy a ofrecerte algo que no puedo darte". Para él esa situación no es importante, por lo que le es difícil tenerlo en mente para comunicármelo. Aceptó el acuerdo porque me ama y porque quería que yo fuera feliz y me sintiera seguro, pero claramente eso no había sucedido.

Con estos nuevos límites, creamos un nuevo acuerdo. Más que pedirle que me avisara cómo escalaba su relación, le pedí que intencionalmente planeara citas y tiempo de calidad conmigo. Yo ofrecí avisarle si me sentía incómodo o poco considerado. Esos acuerdos estaban basados en la confianza que nos tenemos acerca de cosas que sí podemos hacer y hemos hecho. En ese momento, yo decidí confiar en él nuevamente. Fíjate cómo no es confiar en algo que sé que no sucederá, ni retirar mi confianza completamente a partir de un solo hecho. ¿Tengo certeza de que este acuerdo sí se cumplirá? No.

La característica que no nos encanta de la confianza es que no asegura nada. Sigo poniendo mi vulnerabilidad en riesgo, solo que decido qué tanto estoy dispuesto a hacerlo. Entonces, cuando veo la confianza de esta forma, decidiendo darla o retirarla, también recupero mi agencia. Pensarlo como ganar o perder la confianza, me pone a la merced de la otra persona, dependiendo de lo que haga o no haga.

¿Puedes confiar ciegamente en algo o alguien? Sí, sí puedes. Pero ¿quieres? ¡Y es completamente válido que quieras! En ese caso solo se trata de estar consciente del riesgo que estás asumiendo. Iniciar una relación siempre implica un riesgo. Por más que conozcas a la persona como amigo o de alguna otra forma, no la conoces como pareja. En ese caso la confianza no vendrá de experiencias tuyas con esa persona, sino de tus propias creencias que se irán comprobando o no conforme interactúen.

Ahora dirás: "¿Y no es válido dejar la relación por romper un acuerdo?".

Gotitas de poliamor

Revisa tu concepto de confianza, ¿cómo cambia al leer esta sección?

¿Cómo decides cuánto estás dispuesto a arriesgar cuando confías en alguien?

¿Qué áreas de tu vida tienen límites más rígidos donde hay menos tolerancia al error?

¿La infidelidad realmente es tan mala?

En el mundo de la monogamia tradicional el único pilar que importa es el sexo. Como te lo platiqué anteriormente, puedes tener la relación más hermosa, funcional y amorosa del mundo, pero si ese acuerdo de exclusividad sexual se rompe, la relación deja de tener validez.

En la universidad tuve una maestra que nos contó que su esposo le había sido infiel en algún momento. Una de mis compañeras le dijo: "Y por supuesto ya no estás con él", a lo que la maestra contestó que seguían juntos. Inmediatamente, mis compañeras comenzaron a quejarse y a soltar juicios como que no se estaba respetando, que iba a suceder de nuevo y, lo clásico, que estaba siendo muy estúpida al creerle otra vez. La maestra explicó que su esposo era más que su compañero sexual, era su compañero de vida, padre de sus hijos, su amigo y su familia. "¿Por qué renunciaría a cuatro cosas importantes de mi vida solo porque una de ellas me faltó?".

Ese fue el primer bloque que cayó al deconstruir el concepto de infidelidad. ¿Cómo que una relación no depende del sexo?

Esto también me ayudó a quitarme la idea de que si no tengo sexo con mi pareja, no lo amo realmente. El sexo tiene tanto peso en una relación que se vuelve más una obligación y una preocupación, en lugar de ser una forma de conectar y vivir placer.

Ahora, estoy hablando de la importancia que le damos al sexo en nuestras relaciones románticas, no de la infidelidad como tal.

Si tu pareja se acostó con alguien más y te mintió, tu dolor es real, tu dolor es importante y tu dolor es terrible. La intención de la persona no justifica ni invalida tu experiencia.

Gotitas de poliamor

Intenta hacer este ejercicio,
puede ser con tu pareja o con un amigo:

1. Cada quien tome algo con qué y dónde escribir.

2. De forma independiente y sin ver las notas de la otra persona, hagan una lista de ACCIONES observables que para ustedes cuenten como sexo. Por ejemplo, besos y caricias. Recuerda que las intenciones y las emociones no se ven, decir “pensar en alguien más” no es una acción observable, en ese caso podría ser “decirme que piensa en alguien más”.

3. Intercambien papeles y, sin hablar, lean la lista de la otra persona. Marquen cada acción que para ustedes no cuenta como sexo.

4. Ahora sí, comparen listas.

5. ¿Qué tanto coincidieron? ¿Qué pasaría si hicieran un acuerdo basado en sexo, sin haber hecho esta lista anteriormente?

¿Qué es la infidelidad?

En los primeros capítulos de este libro exploramos cómo es tener una relación ética a partir de conocer tus propios valores esenciales, los pilares de tu relación. Pensándolo como una casa, esos son los que sostendrán la estructura de tu hogar. Si tienes un solo pilar, no tiene que pasar mucho para que caiga el techo.

> **Infidelidad: Romper un acuerdo, el que sea. Sin embargo, popularmente en la hetero y mononormatividad de inmediato pensamos en sexo. ¿Por qué? Porque es el único pilar que les importa.**

Insisto y seguiré insistiendo en que la monogamia es un modelo completa y absolutamente válido, y puede vivirse de manera ética.

Cuando empecé a hablar de relaciones éticas y asumirlo en mi vida personal, el concepto de *infidelidad* cambió por completo. En lugar de asumir que lo único importante era que no nos acostáramos con otras personas, realmente empecé a cuestionarme qué era lo más importante, qué límites tenía que establecer y qué sí era negociable.

¿Eso quiere decir que no me importa si mi pareja se acuesta con otras personas? No. Sigue siendo un pilar importante en mis relaciones, pero no el principal. Para mí infidelidad es romper cualquier acuerdo, desde haber visto sin mí un capítulo de la serie que estamos viendo juntos, hasta mentir acerca de con quién tiene una relación o no. Solo que mi reacción va a variar dependiendo de la importancia del acuerdo y qué tanto puede repararse lo que se rompió.

Aquí llegamos a una desventaja de deconstruir conceptos como este: ya no puedo solo asumir que el acuerdo esencial es el sexo y ahora tengo que responsabilizarme y explorar qué es realmente importante para mí.

Gotitas de poliamor

¿Qué es una relación romántica para ti?

¿Cómo estableces en tus relaciones lo que es importante e inquebrantable?

¿Qué cosas asumes que la otra persona debe considerar sin que se lo comuniques? ¿Cómo podrías comunicárselo?

¿Y si nos equivocamos?

Ahora que ya tienes herramientas para identificar qué quieres y necesitas, cómo hacer acuerdos sin cruzar tus límites y entiendes cómo funciona la confianza, es posible que pienses que ya todo estará bien. Pero no, estimado lector, déjame decirte que vas a fallar. Te prepararás para esa conversación, la practicarás y cuando llegue el día de ponerlo en acción, es altamente probable que no suceda como pensabas. Además, por más claros y específicos que sean tus acuerdos, tú o tu pareja van a romperlos en un momento u otro.

¿Te mueve que te diga esto? A mí me desagrada mucho pensarlo y aún más escribírtelo. Hasta parece que te estoy diciendo que desperdiciaste tu dinero comprando este libro (o tu tiempo, si te lo prestaron). Sin embargo, en ese caso sospecho que aún tienes la fantasía de que todo debe salirte perfectamente a la primera y equivocarse no es más que un fracaso del cual avergonzarte. Esto pone una gran presión en la relación y llena los acuerdos de miedo, en el peor de los casos llevándote a ser detective o verdugo de tu relación, o a vivir en paranoia de las consecuencias de cometer un error. Lo más irónico es que es la respuesta que muchos tenemos cuando se rompe un acuerdo o se cruza un límite.

Diego no era una persona de palabras de afirmación y yo soy una plantita de sol, si no recibo ese tipo de afecto, me marchito. Al principio estuvo de acuerdo en ser más verbal con su amor hacia mí, pero con frecuencia se le olvidaba o simplemente no lo hacía. En esos momentos yo sentía decepción, tristeza y miedo, ¿qué tal que en verdad no me amaba y por eso no lo hacía? Él se sentía controlado, insuficiente y frustrado, ¿y si realmente no podía darme lo que necesitaba?

Así que tomamos la decisión que se nos hizo más lógica en ese momento: intentarlo una vez más. Y luego otra, y otra, y otra, hasta el día en que solo mencionar el tema era motivo para pelear. Siendo esta la situación que veo más comúnmente en consulta, cuando se rompe un acuerdo las personas piensan que seguir haciendo lo mismo les dará resultados diferentes.

Hay una historia que amo contar cuando hablo de este tema. Había una vez un conejito que fue a la carnicería. Muy contento le dice al carnicero: "Disculpe, señor, ¿tiene zanahorias?". El carnicero ve al dulce y hermoso conejito, le ofrece una cálida sonrisa y responde: "No, hermoso conejito, aquí es una carnicería y solo vendo carne". El conejito, decepcionado, agradece y se retira. Al siguiente día, el conejito regresa y hace la misma pregunta, a lo que el carnicero confundido le contesta: "No, conejito, ayer te dije que solo vendo carne".

El conejito, decepcionado, nuevamente agradece y se va. Esto se repite algunas veces hasta el día en el que el carnicero ya no ve al conejito tan dulce y hermoso, sino más bien como un necio desesperante, por lo que le contesta: "Mira, conejo, ya te dije que solo vendo carne, ¡si vuelves a venir a pedirme zanahorias voy a tomar una cuerda y te voy a colgar del árbol que está ahí afuera!". El conejito, alarmado y asustado, se disculpa y se retira. Al siguiente día el conejito regresa y muy nervioso le pregunta al carnicero: "Oiga, señor carnicero... ¿tiene cuerda?". El carnicero, exasperado y molesto, le contesta alzándole la voz: "¡No, conejo! ¡Ya te dije que SOLO VENDO CARNE!". El conejito da un respiro de alivio, sonríe y le pregunta: "¿Tiene zanahorias?".

Espero que no hayas pensado *Ay, pues el carnicero hubiera ido a comprar unas zanahorias y ya.* Claro que es una solución, sin embargo, va en contra de todo lo que el carnicero es y representa, por lo que sería venderle al conejito una imagen de alguien que no existe. Eventualmente, el carnicero se cansaría y decepcionaría al conejo. A menos que el carnicero quiera cambiar su negocio e incluir zanahorias, es algo insostenible.

Gotitas de poliamor

¿Alguna vez has sido el conejo? ¿Qué tal el carnicero? En ese caso, ambos han sido necios en la historia.

Escribe una historia tuya en la que veas esa dinámica. Identifica tu necesidad y cómo la otra persona te dejaba ver que no te la daría.

¿Cómo recupero la confianza?

Otra respuesta común a los acuerdos rotos es "perdonar". Por desgracia, rara vez es tan fácil como eso. Más frecuentemente, las parejas empiezan a llevar un marcador para saber cuántas veces se ha equivocado la persona y, por lo tanto, cuánto le pueden cobrar después. ¡Cuántas veces he escuchado el clásico "Yo te perdoné la otra vez, así que no puedes enojarte conmigo!".

En una relación, si una persona pierde, la relación pierde. No es un juego de suma cero y, mucho menos, una competencia. Si yo logro "tener la razón" a costa de generar vergüenza o culpa en mi pareja, le estoy haciendo daño a nuestro vínculo y, por lo tanto, tampoco obtendré lo que necesito.

> Juego de suma cero: Juegos donde hay un número limitado de puntos, por lo que el hecho de que un jugador gane

un punto implica que el otro tiene un punto menos.

Personalmente, odio el concepto de "perdón" o "disculpa". Si alguien rompió un acuerdo conmigo, una disculpa no solo me deja igual, sino que muchas veces me enoja más por sentirlo desconsiderado. Para mí, el perdón tiene dos problemas. El primero es que está tan normalizado como un reflejo que se ha vuelto algo carente de significado. Más que una expresión de arrepentimiento es una vaga forma de decirle a la otra persona: "Me di cuenta de que te incomodé un poco". El segundo es que me pone en un lugar de superioridad moral donde yo decido si te absuelvo por haberme fallado, lo que me regresa al concepto de que, si una persona pierde, la relación pierde.

Además, ese juego de poder tiene la capacidad llevarme a usar la confianza como un arma y, nuevamente, a una dinámica disfuncional. Considero que la mejor forma de decidir si quiero otorgar mi confianza otra vez es la reparación. Solo recuerda que no todos necesitamos el mismo tipo de reparación.

Hace algunos años, estaba saliendo con una persona de Costa Rica y en una de sus visitas me trajo una caja de chocolates de allá que me gustaban mucho. Yo, siendo el romántico empedernido que soy, la guardé en el brazo de mi sofá y fui comiéndome a lo mucho uno por día, muy intencional y cuidadosamente. Un día llegué y no encontré mi caja de chocolates. Le llamé a Marco para preguntarle si la había visto, pero se quedó callado y me dijo que me regresaría la llamada. Resulta que su novio se había puesto pacheco, encontró los chocolates y se los comió todos.

Marco se disculpó, pero le dije que ya no había nada que hacer. Me sentí triste y frustrado, sobre todo porque mi metamor y yo realmente no teníamos una relación cercana.

Al siguiente día recibí un mensaje de mi metamor disculpándose y diciéndome que me había mandado pedir dos cajas de esos chocolates. Le contesté que era innecesario ya que no eran los chocolates lo que yo había perdido, sino los chocolates que me había dado el hombre en cuestión, y eso era algo irreemplazable.

Ahora, si tú también creciste en un mundo de telenovela o de películas animadas de Disney, es probable que la palabra "irreemplazable" detone sensaciones de pérdida, desesperanza y tragedia. En mi caso, no fue un reclamo y mucho menos un intento de hacerle sentir (más) culpa, sino una afirmación de una realidad innegable. Él no podía reemplazar esos chocolates, por lo que no había nada que hacer. Eso no quiere decir que nuestra relación y mi confianza en él hubieran desaparecido inmediatamente, recuerda que yo elijo si le entrego mi confianza a alguien o la retiro.

Reparación

Si no me gustan las disculpas y la caja de chocolates no se puede reemplazar, ¿ya no hay ninguna forma de reparar?

Durante muchos años viví en la paranoia de pensar que un error iba a significar perder por completo a la otra persona. Intenté ser perfecto constantemente, mantenerme rígido y establecer estándares muy altos para mí mismo, lo que resulta agotador y me generaba resentimiento hacia aquellos que no lo hacen así. Afortunadamente ese punto de vista tan trágico no era acertado. Sí necesitaba buscar una forma de cuidar mis relaciones y por supuesto que seguiría haciendo mi mejor esfuerzo por mantener los acuerdos y promesas que hago; sin embargo, no es lo único que puedo hacer.

Si acepto que no soy perfecto, puedo prepararme para fallar. Si sé que tú no eres perfecto, puedo hablar contigo acerca de qué necesitaré si fallas.

Para esto, algo que me ha ayudado son los *lenguajes de reparación* de Gary Chapman (sí, el mismo de los *lenguajes del amor*). Voy a ejemplificarlos con el conflicto de los chocolates que te puse arriba.

> Conflicto: No necesariamente es algo explosivo y violento. Conflicto se refiere a dos opiniones o ideas opuestas que se encuentran. Puede ser algo tan sencillo como decir: "A mí me gusta la pizza con piña y a ti no". Hay conflictos en los que podemos pedir mitad piña y mitad otra cosa y punto. Hay otros que requieren más negociación y existen los que se vuelven tan sensibles que pueden escalar a una pelea más agresiva.

En cuestiones de comportamiento humano, no hay leyes. En otras palabras, nada funciona siempre, ni les funciona a todos. No te tragues la información sin masticarla. Considérala, ponla en práctica y evalúa si te hace sentido. Que estas ideas estén a tu servicio, no tú al servicio de ellas.

Del mismo modo que con los *lenguajes del amor*, tal vez creas que "los tienes todos" o "los quieres todos". Recuerda que esta es solo una guía para ayudarte a identificar qué te funciona mejor a ti. Todos son lenguajes de reparación, pero al leerlos, trata de identificar cuál o cuáles son los que más te ayudan a sentir que la otra persona atendió tu necesidad.

A. Expresar arrepentimiento

- Validar los sentimientos de la otra persona y hacerle saber que entiendo cómo le afecté.

Ejemplo:

Sé que esos chocolates eran importantes para ti por la persona que te los dio. Escucho que te sientes triste y frustrado, ¡y no es para menos! Yo me sentiría igual y sé que no es algo que pueda restituir. Me importa cómo te sientes y me gustaría escuchar más, sobre todo para poder tener claro lo importante que es para ti y tenerlo en cuenta en futuras ocasiones.

B. Aceptar responsabilidad

- Reconocer el error, sin justificación, ni excusas.

Ejemplo:

Lo que hice fue desconsiderado, descuidado y crucé una línea importante. No pedí permiso y tomé algo que no es mío.

C. Restitución

- Ofrecer algún tipo de enmienda o restauración de lo que se rompió. A veces, es imposible recuperar ese objeto o deshacer algo del pasado puesto que no podemos cambiarlo. En esos casos, la restitución puede ser ofrecer una alternativa.

Ejemplo:

Sé que esa caja de chocolates no es algo reemplazable. Te ofrezco comprar algún detalle para que le des a este hombre cuando te visite de nuevo.

En este caso la restitución se enfoca en restablecer o reforzar la conexión que tengo con esa persona.

D. Plan de acción

- Compartir un plan para evitar que suceda nuevamente. Aquí me importa mucho enfatizar en la diferencia entre un deseo y un plan. Decir: "No va a volver a pasar" es un deseo, algo que puedo querer y tengo esperanza en que suceda, solo date cuenta de que no es tomar riendas, ni responsabilidad de la situación. Si sucede, no depende de ti. Por otro lado, este lenguaje de reparación implica dar un paso a paso de acciones que tomaré para que no suceda nuevamente.

Ejemplo:

Tendré snacks en el cuarto de Marco y solo tomaré esos. En caso de ver algo que me interese, me aseguraré de preguntarle a él primero o a ti, si me lo permites. En caso de que no contesten, lo tomaré como un "no".

E. Pedir perdón

- Pedirle a la persona desde un lugar de humildad y arrepentimiento. Lo importante aquí es saber que el otro es libre de perdonarme o no, y no reclamar o juzgar en caso de que no lo haga. Si la otra persona no me perdona, no es un reflejo de que "es muy dramática" o "está exagerando", sino de cuán importante fue el suceso para ella.

Recuerda que esto puede volverse una dinámica disfuncional cuando pongo a prueba a la otra persona y le hago "ganarse" mi perdón.

Y ya te escuché pensando *Jaime, ¿y si los tengo/quiero todos?* Todos son ejemplos de formas de reparación, claro que todos pueden funcionarte. El objetivo no es ver cuántos tengo, sino identificar cuál o cuáles son los que más me funciona dar y recibir. Detente y analiza con cuáles tiendes a sentir más reparación y cuáles son lo que tiendes a ofrecer.

Ejemplo:

Siento mucho haberme comido tu caja de chocolates. Realmente me siento muy triste de haber cometido esa falta y estoy avergonzado con lo desconsiderado que fui. ¿Podrías perdonarme?

Gotitas de poliamor

¿Cuál es tu lenguaje para recibir reparación?

¿Cuál es tu lenguaje para ofrecer reparación?

Para ayudarte, explora tus relaciones y revisa cómo resuelves el conflicto. En caso de identificar varios, quédate con el más frecuente. A lo mucho, elige dos.

¿Y si no hay reparación?

Definitivamente para mí ha sido crucial aprender a aceptar lo inaceptable. Con esto no me refiero a quedarme en un lugar abusivo, más bien, cuando empiezo una relación, tengo la firme convicción de que no nos separaremos a menos que nos odiemos o haya un gran problema externo, por lo que "no voy a aceptar que terminemos". Eso me ha llevado a quedarme en lugares muy dolorosos y hacerle daño a la otra persona.

A veces por cuestiones de distancia, vida diaria, dinámicas familiares u otros factores externos, la relación se vuelve insostenible. En esos casos me ha tocado tener que aceptar que el amor no es suficiente y necesito dejar ir a la persona. Los individuos en la relación son más importantes que la relación en sí. Si mantener nuestra relación de novios implica hacerte daño a ti o a mí, prefiero sacrificar la relación para darle prioridad a nuestro bienestar.

11

La comunicación (no) es lo más importante

SIENTO DECIRTE QUE, contrario a lo que dice la cultura pop, tener comunicación no es lo más importante para que una relación sea funcional y amorosa. Como vimos en el capítulo 1 de este libro, usar palabras así de abstractas y vagas puede ser altamente contraproducente. A final de cuentas, todo lo que hacemos es comunicación. Si te grito, te insulto, me quedo callado, me voy o ignoro tus mensajes, me estoy comunicando. Entonces de que hay comunicación, hay comunicación, quieras o no. Más bien lo importante es saber qué quiero comunicar y cómo quiero comunicarlo. Sobre todo, para identificar cuando estoy usando mis poderes para el mal y haciéndole daño a la otra persona sin querer.

Estas herramientas se pueden sentir "mecánicas" y "poco naturales" al principio. Considera que llevas toda una vida usando las estrategias que no te funcionan hoy. Puedes seguir usándolas solo porque te son familiares, pero ¿quieres?

Trabajando con parejas me di cuenta de que, independientemente del tema que estén discutiendo, cuando alguien se pone a la defensiva es que hubo un ataque o algún tipo de comunicación violenta. Esto suena obvio hasta que te das cuenta de que un ataque no siempre es intencional y, sobre todo, ves lo normalizado que está.

Los jinetes del Apocalipsis en tu relación

Lo primero que necesitamos despejar es una muy común y aceptada, pero errónea, creencia acerca de la violencia: el daño es independiente de la intención que se haya tenido.

Como ejemplo quiero usar una historia que le escuché a Jase en un episodio de *Multiamory*. Imagina que vas manejando y de pronto sientes necesidad de estornudar. Al hacerlo, dejas de ver el camino por un segundo, pero eso es suficiente para atropellar a una persona. Ahora, supón que te bajas del carro y ves que tiene una pierna rota por el golpe que sufrió. ¿Le dirías: "Ay, no fue mi intención atropellarte, así que no tendrías por qué tener la pierna rota"? Probablemente no.

El dilema aquí no es por qué sucedió el daño, si esa persona se cruzó sin mirar o si tú debiste aguantar tu estornudo. A fin de cuentas, eso ya no importa en este momento, lo que hay que atender es el daño causado.

> **Violencia: Cualquier comportamiento que cause daño físico, psicológico o emocional. Es independiente de la intención con la que se haya hecho.**

Hay una razón principal por la que veo que es bien difícil para muchos poder detenerse y atender lo que sucede, en lugar de ponerse a la defensiva: sentirse juzgados.

El Instituto Gottman tiene una propuesta de cuatro "jinetes del Apocalipsis" que predicen el final de una relación: crítica, desdén, estar a la defensiva y muro de piedra. Como era de esperarse, cada uno de ellos está relacionado con una dinámica disfuncional de comunicación normalizada en nuestra sociedad.

Gotitas de poliamor

Para cada uno de estos jinetes, detente y explora tus relaciones pasadas y actuales.

¿Cuáles jinetes están más presentes en tus acciones? ¿Qué los detona?

¿Cuáles están más presentes en las acciones de la otra persona? ¿Cuáles son sus detonantes?

Crítica

A: ¿No sacaste a los perros? ¡Eres un flojo y un irresponsable!

La crítica como estilo de comunicación se enfoca en atacar lo que tu pareja es, no lo que hace.

En otras palabras, descalifica e invalida a la otra persona en cuanto a su personalidad y forma de ser, más que concentrarse en un hecho específico. En el ejemplo, el problema es que la pareja no sacó a los perros y eso puede arreglarse fácilmente. Sin embargo, el ataque se va hacia la integridad del otro. Esto es un problema porque, para empezar, la crítica prepara el terreno para que surjan los otros tres. Es violento, ya que se trata de un juicio descalificativo y, por lo tanto, tiene el objetivo de dañar a la otra persona. Al recibirlo, puede experimentarse como rechazo o dolor y con frecuencia el conflicto escala exponencialmente.

Pero ¿y si no sacó a los perros?, pensarán algunos de ustedes. Aquí primero hay que considerar que, como seres humanos, tendemos a generalizar. ¡Nuestro cerebro lo hace normalmente para poder maximizar la eficiencia con la que trabaja! Por eso algunas personas dicen: "¿Cuál es tu *Pikachu* favorito, el de fuego o el de agua?". En las relaciones humanas necesitamos actuar con compasión (explicada en el capítulo 2) y considerar a la otra persona como un ser completo, complejo, con historia y pensamientos propios. Y cuidado con querer resolver toda tu relación en una conversación. Si lo que te molesta es que tu pareja SIEMPRE hace algo que no te gusta, tal vez es tiempo de preguntarte por qué estás con alguien que SIEMPRE hace eso.

Desdén

Ya que escuchaste la trompeta de la crítica hay que estar alerta porque, de no tener cuidado, llegará el desdén. Cuando critico a la otra persona por lo que es y no por lo que hace, comienzo a ponerme en un lugar de superioridad moral donde claramente "yo sí sé cómo hacer las cosas".

El desdén se ve así:

> A: (Crítica) *¿Por qué dejas tu ropa por todos lados? ¡Eres un descuidado y un flojo!*
> (Desdén) *Pero claro, seguro así te educaron en tu casa y ni qué esperar de alguien como tú.*

Este jinete se ve como burlas, sarcasmo, imitaciones físicas o verbales y otras formas de expresar fastidio o desesperación porque la otra persona "no entiende lo mal que está". El receptor lo que experimenta es una sensación de ser despreciado, menospreciado y que tiene poco valor. De hecho, según John Gottman, este jinete es el principal predictor de divorcio.

Cuando el desdén prevalece, nos lleva a creer que la otra persona no tiene cualidades positivas. Probablemente esto orille a la otra persona a vivirse como un ser negativo y enfermizo, con poco que dar en cuanto a amor y gozo. Se pierde la admiración por la otra persona y es muy difícil encontrar puntos de conexión e intimidad de esta manera.

Generalmente, el desdén surge cuando hay pensamientos negativos que no se expresan y se han estado cociendo a fuego lento muy dentro de nosotros.

Estar a la defensiva

Este generalmente surge como reacción a la crítica. Cuando nos sentimos atacados, buscamos cómo defendernos y utilizamos excusas (explicaciones) o caemos en una victimización donde nos sentimos injustamente juzgados. Sin embargo, aunque nos estamos defendiendo de un ataque, lo hacemos invalidando al otro y la dinámica se vuelve una espiral.

Ejemplo:

A: *Ayer quedamos en que tú harías de comer hoy, ¿lo hiciste?*
B: *No, no me dio tiempo.*
A: (Crítica) *¡Siempre es lo mismo contigo! Eres un* irresponsable.
B: (Defensa) *Pues estuve trabajando todo el día. Aparte, yo compré la comida y tú viste que yo estaba atareado, ¿por qué no lo hiciste tú?*

En este ejemplo (y generalmente) la culpa se redirige al otro, y es probable que resulte en una crítica o desdén que provoca defensividad en el otro. Estar a la defensiva escala el conflicto ya que solo agrega más capas de problema. Se vuelve un juego de ping-pong donde cada golpe hace que la pelota crezca.

Muro de piedra (*stonewalling*)

Este último jinete llega a suceder como respuesta al desdén. *Stonewalling* es como poner un muro de piedra; la persona se cierra y deja de responder a lo que la otra dice.

Utiliza maniobras evasivas como desconectarse, actuar como si estuviera ocupado o distracciones.

Ejemplo:

A: *Nunca escuchas lo que se te dice. Eres un distraído e irresponsable.*
B: *Ok, soy un irresponsable. Ya déjalo así. Me voy a acostar porque mañana tengo mucho que hacer.*
A: *No hemos terminado de discutir.*
B: *Está bien así. ¿Qué quieres comer mañana?*

Al sentirse abrumada por los otros tres jinetes, la persona reacciona comprensiblemente retirándose y poniendo una muralla. Hay que tener mucho cuidado con no confundir los límites con un muro de piedra. Recuerda que el límite es una acción que realizo para cuidarme SIN ignorar el problema principal a diferencia del muro de piedra que niega la importancia del impacto que tiene la discusión. En esos casos, es difícil detenerlo porque surge como una respuesta de agobio fisiológico. Cuando discutimos, recuerda que tu cerebro puede entrar en modo de supervivencia. De no regularlo a tiempo, puede que llegues a un estado de inundación (*flooding*) donde ya no estás escuchando a la otra persona. Antes de continuar la conversación, es importante detenerte a recuperar tu estado normal.

Los antídotos

En algunas relaciones empezamos en el paraíso, todo es hermoso hasta que suenan las trompetas que anuncian a los cuatro jinetes del Apocalipsis.

Pero dirás: "Ya sé que ahí están, no los vi llegar, pero siento cómo mi relación se acerca al final de sus días. ¿Qué hago?".

Ante la crítica, hablar desde mí

Una queja se enfoca en el comportamiento de otra persona y es completamente válida. Cuando le digo al otro que no quiero besarlo porque tiene aliento a cebolla, puedo hacerlo de muchas maneras y, a fin de cuentas, estoy hablando de un suceso específico. Es muy diferente cuando le digo que es un puerco, sucio y desconsiderado.

El antídoto ante la crítica es hablar desde ti. Evita decir "tú" y habla de lo que te sucede a ti, empezando tus oraciones con "yo" o "a mí".

Para lograr esto, es esencial que te hagas dos preguntas:

¿Qué siento?
¿Qué necesito?

Este antídoto se ve así:

> Crítica: *Llevas toda la tarde hablando de lo que te pasa a ti y no te importa cómo me fue a mí en el día. ¿Por qué eres tan egoísta?*
>
> Antídoto: *Necesito sentirme escuchado por ti. Quiero platicar contigo acerca de qué me pasa, ¿puedes escucharme?*

Ante el desdén, la apreciación y la gratitud

Este jinete viene desde un lugar de superioridad moral. Puede surgir en forma de sarcasmo, insultos, voltear los ojos, las burlas y el humor hostil. En sociedades machistas, todo esto no solo es aceptable, sino que llega a considerarse la mejor forma de manejar una situación de conflicto. Nos enseñan que siempre hay que ganarle al otro y demostrar que somos mejores.

El antídoto al desdén es construir una *cultura de apreciación* en tu relación. Expresa aprecio, gratitud y respeto frecuentemente y en pequeñas dosis. Gestos pequeños, como decirle a tu pareja "Gracias por sacar la basura", "Aprecio tu presencia" y "Respeto tu trabajo", comienzan a establecer un terreno fértil para una relación más amorosa.

De esta forma se crea una perspectiva positiva que funciona como una reserva de sentimientos amorosos ante los sentimientos negativos. Un problema que surge es que tendemos a dar por hecho lo positivo y solo remarcamos lo negativo. Por eso a veces parece que TODO ESTÁ MAL. Velo como una cuenta de banco emocional. Según el Instituto Gottman, por cada retiro negativo, necesitamos hacer cinco depósitos positivos.

Yo no ando pensando en cuántas cosas positivas llevo en una discusión para balancearlo, más bien tengo una cuenta de ahorros emocional. Soy muy intencional en apreciar y agradecer todo lo que hacen mis parejas TODO el tiempo. Desde decir *te amo o gracias por lavar los trastes*, hasta hacerles comentarios de cosas que me gustan de ellos. Así, cuando hay un conflicto, tenemos experiencias que me ayudan a recordar que no todo es malo.

Ejemplo:

Desdén: *No limpiaste bien el baño otra vez. Pero bueno, ¿qué puedo esperar de ti?*

Antídoto: *Entiendo que has estado más ocupado de lo normal últimamente. ¿Podríamos revisar las tareas de casa que nos tocan a cada uno para asegurarnos de que el baño esté limpio en la semana? Apreciaría mucho eso.*

Ante la defensa, la responsabilidad

Cuando nos sentimos atacados, la respuesta natural es defendernos. Esta defensa puede surgir en forma de indignación o victimización ante una crítica o el desdén. Al darse, el enfoque está en quién tiene la culpa, no en el problema o las necesidades de los involucrados.

El antídoto a la defensa es aceptar responsabilidad por la parte que me toca en el conflicto. Generalmente nos cuesta trabajo porque tenemos esta mentalidad de competencia y no queremos "ceder" o "perder". La alternativa es dejar de verlo como una competencia entre nosotros y más como trabajo en equipo. Somos tú y yo contra este problema que tenemos. Estamos del mismo lado y, para que eso suceda, tenemos que reconocer que ambos somos responsables de una parte del conflicto. No siempre es fácil detener la respuesta automática de "¡yo no hice nada!". La culpa nos detiene y lastima, la responsabilidad mueve.

Ejemplo:

Defensa: *Ya teníamos esto planeado desde antes y ahora resulta que no va a pasar. Es tu culpa porque no lo apuntaste en el calendario y sabía que se te iba a olvidar.*

Antídoto: *Estoy frustrado porque no vamos a poder hacer esto que teníamos planeado. Sin embargo, entiendo que yo tampoco hice algo para prepararnos y asegurar que sucediera. Me gustaría que lo reagendáramos y pusiéramos un recordatorio ambos. ¿Qué opinas?*

Ante el muro de piedra, el autocuidado

Stonewalling es cuando alguien se retira completamente de un conflicto y deja de responder. Esto puede suceder cuando la persona se siente abrumada emocionalmente o bombardeada. De hecho, es algo que se experimenta fisiológicamente cuando tu cuerpo activa la respuesta de "pelea o huida". Recuerda que, aunque puede ser difícil de aceptar, tu cuerpo no distingue la diferencia entre una amenaza externa y una generada por tu cerebro, ¡ambas son percibidas como reales!

El antídoto ante el muro de piedra es el autocuidado. Tu sistema nervioso requiere de alrededor de 30 minutos de espacio para poder reiniciarse y regresar a un equilibrio. Hay muchas formas de autocuidado, lo importante es que identifiques qué es lo que sirve para ti y que, durante ese tiempo, te enfoques en lo que TÚ necesitas.

Una herramienta muy efectiva para poder atender este jinete es el "tiempo fuera" o *timeout*. Esto implica tomar un tiempo para calmarse antes de continuar con una plática o discusión. Para que funcione, recuerda que los términos del *timeout* deben ser negociados con anterioridad para no tener que lidiar con detalles en el momento de emociones altas.

Algunos puntos que tomar en cuenta para un *timeout* efectivo son:

- Debe durar al menos 20 minutos (con reloj en mano). Cuando se pide el *timeout*, se acuerda a qué hora se retomará la discusión.
- Evitar indignación aparentemente justa (*Pues me voy porque contigo no se puede*).
- Evitar victimización (*Pues me voy porque nunca me escuchas*).
- Durante ese tiempo, haz algo que te tranquilice y te distraiga. No te pases 20 minutos pensando en lo que le vas a decir a la otra persona cuando regreses.

Ejemplo:

A: *¡Ya tenemos una hora discutiéndolo y no entiendo qué está pasando! ¿Por qué no puedes decírmelo?*

B: *Mi amor, te voy a interrumpir porque me estoy sintiendo abrumado y necesito un timeout. Como acordamos anteriormente, me gustaría darnos 20 minutos y retomar la plática. ¿Estás de acuerdo?*

Las herramientas en este capítulo irán construyéndose unas sobre otras. En distintas palabras, puedes utilizarlas de forma independiente, pero funcionan mejor combinadas. Solo recuerda que van a requerir tiempo y práctica, no intentes hacerlas todas perfectamente a la primera.

Gotitas de poliamor

¿Cómo se ven estos jinetes en tus relaciones románticas, amistosas y familiares?

¿Cómo contribuyes tú y cómo contribuye la otra persona?

¿De qué forma podrías aplicar los antídotos?

Los hoyos negros de la comunicación

Sin importar el tipo de relación del que estemos hablando, hay seis palabras que yo he denominado los hoyos negros de la comunicación. Cuando surgen, lo más probable es que perdamos de vista el tema que teníamos, se active al menos uno de los jinetes y simplemente la conversación no llegue a ningún lado.

Esas seis palabras son: *todo, nada, siempre, nunca, bien* y *mal.*

Ejemplo:

A: *Otra vez dejaste tu chamarra en la mesa, ¡siempre haces lo mismo!*
B: *No es cierto. Ayer me la llevé a la recámara.*
A: *Pero siempre tengo que levantarla yo. Una vez no es nada.*
B: *Entonces no es siempre. ¿Ves cómo exageras?*

El problema de las primeras cuatro es que es muy fácil demostrar que la otra persona está equivocada encontrando al menos una excepción. Además, ¡no importa! Sea que lo haya hecho una vez o mil, en este momento una de las personas está sintiendo incomodidad y necesita hacer algo al respecto.

Usamos estas palabras para tratar de darle dimensión a lo que es importante para nosotros. Si es algo que *siempre* pasa o *nunca* me das, es válido quejarme, ¿no? El trabajo aquí está en poder validar que mi malestar, incomodidad o dolor no necesitan justificación, ni una demostración de su importancia. La única razón que necesito para atenderlo es que yo lo sienta.

Ahora, pasemos a las últimas dos, *bien* y *mal*. Un consultante me contaba que estaba enojado con su pareja y le parecía absurdo que tuviera que enseñarle cosas básicas. Cuando le pedí un ejemplo, respondió que su pareja no sabe "limpiar *bien*". Le pregunté a qué se refería y, exasperado, me dijo: "Pues es obvio, que limpie *bien* y ya". Insistí y me dijo que su pareja tenía su ropa limpia en el piso, no en sus cajones. Para esto, mi consultante tenía otra pareja con quien compartía habitación, por lo que el novio en cuestión tenía su propio cuarto.

Le sugerí cambiar "bien" por "como a mí me gusta" y se sintió aún más frustrado. Él tenía muy claro cómo se veía el tipo de limpieza y organización que requería para sentirse tranquilo y no podía concebir que alguien tuviera un concepto diferente. Ahora, es posible que tú pienses algo similar. Sin embargo, no sé si te has dado cuenta del jinete que está presente en esa dinámica: el desdén. Me pongo en un lugar de superioridad moral donde yo sé qué está bien o mal y tú no, por lo que yo puedo criticarte y juzgarte.

Como persona con TDA, esto es un problema con el que tengo que lidiar muy frecuentemente. Por cómo funciona mi cerebro, necesito hacer mis cosas de una forma particular para que me funcione. Por ejemplo, si necesito llevar mi camisa a la tintorería, es esencial que la deje en algún lugar a la vista y que no se junte con la ropa que se lava en casa. Desde afuera parecería que solo la aventé ahí y estoy haciendo un relajo, pero si meten esa camisa al cesto de ropa sucia, desaparece para mí y nunca la llevaré.

Nuevamente, estas palabras solo harán que la discusión escale y ni siquiera se enfoque en el problema. No importa si está *bien* o *mal* para el resto del mundo, en ese momento yo estoy sintiendo algo al respecto y quiero poder manejarlo contigo. La otra parte que hace estos hoyos negros tan peligrosos es que me deslindan de responsabilidad. *No es que yo no quiera que dejes tu chamarra en la mesa, es que la sociedad dice que está mal*, por ejemplo.

No puedes resolver todos los problemas de tu relación en una discusión, por lo que es importante enfocarte en un solo hecho.

Tipos de comunicación

Como te decía al principio del capítulo: todo lo que hacemos es comunicación, queramos o no. Pensar que lo único que necesito es "más comunicación" suena simple y me lleva a querer consumir contenido al respecto, sin evaluar qué parte de mi comunicación no está funcionando.

Lo imagino otra vez como si fuera una torre de Jenga donde empiezo a poner más y más bloques en la parte más alta buscando equilibrio para que no caiga, cuando tal vez el verdadero problema solo requiere llenar uno que otro hueco en la estructura.

Metacomunicación

Querer cambiar completamente cómo hablo y qué digo puede ser abrumador, a menos que lo acepte como algo que estaré haciendo el resto de mi vida. Nunca voy a tener comunicación perfecta y tampoco la necesito.

Creo que entre las habilidades más importantes y útiles que he aprendido está la metacomunicación. En lugar de querer absorber y aplicar todo lo que leo acerca del arte de expresar lo que quiero, puedo enfocarme en cómo quiero hacerlo y qué me está funcionando.

> **Metacomunicación: Hablar acerca de cómo hablamos. Estar consciente y reflexionar sobre el tono que utilizo, mi lenguaje no verbal y cómo afectan mi mensaje.**

Ejercicios de metacomunicación

Exacto

Este ejercicio es lo primero que hago siempre que tengo una consulta con alguien nuevo. No solo porque me ayuda a conocer su situación, sino porque me permite explorar qué le ayuda a sentirse entendido y escuchado. ¡Me ha sorprendido mucho el cambio tan extremo que sucede cuando se aplica esta herramienta en particular!

1. Establezcan roles A y B. A comienza contándole a B alguna experiencia, puede ser real o irreal.
2. B escucha hasta que A termine de hablar. Cuando haya confirmado que es el término de la historia, le repetirá a A lo que escuchó. No tiene que ser literalmente palabra por palabra, el objetivo es decirle a A lo que escucho.
3. Al terminar de escuchar a B, A determinará si es el mismo mensaje o no. Si es el mismo mensaje, responderá: "Exacto, gracias por escucharme". Si no es el mismo mensaje, dirá: "Gracias por escucharme, eso no fue lo que quise decir, quiero decirlo de otro modo".
4. El ejercicio se repite hasta que A diga: "Exacto".
5. Cambien de rol y repitan.

En caso de que lo que repitió B sea incorrecto, es importante reconocer que SÍ escuchó e hizo el esfuerzo por entenderme.

Reescribir el guion

Ya sea por tu cuenta o con tu pareja, escribe lo más fielmente posible el diálogo que sucedió en tu última discusión.

Ya que tengas ambas partes, ve poco a poco explorándola, buscando el momento en el que para ti escaló esa discusión a algo desagradable.

Al encontrarlo, haz una lista de todo lo que está pasando alrededor. ¿Estaban en un lugar en particular? ¿Era alguna hora específica del día? ¿Qué palabras fueron usadas y cuáles de ellas son un detonante para ti?

Es importante que usen este ejercicio para encontrar en qué momentos sucede que la discusión explota. Mucho cuidado con volverlo un ejercicio para buscar culpables.

Comunicación asertiva (trifuerza)

Entre más mejoré mi metacomunicación, pude identificar por qué me era tan difícil confiar y ser vulnerable con otras personas al hablar de situaciones o experiencias que significaban mucho para mí.

Hace unos años fui a mi primer evento de *kink* y participé en una actividad muy linda donde jugábamos en unos tapetes en el piso, básicamente "luchitas" (sin contexto sexual). Yo estaba muy contento y estuve jugando varias horas. El día siguiente fui muy emocionado, dispuesto a pasar unas horas más en los tapetes, pero me di cuenta de que estaba exhausto y mi cuerpo me pedía descansar. Me sentí profundamente triste, así que me senté en una orilla, viendo cómo los demás la pasaban muy bien. De pronto, un extraño se sentó junto a mí y me preguntó qué pasaba. Cuando le conté, me preguntó qué necesitaba y yo me quedé sorprendido. Lo común hubiera sido que me dijeran algo como "Vete a descansar y ya" o "¿Para qué te cansaste tanto ayer?". Al no saber qué decir, esta persona me ofreció acompañarme en mi tristeza. Cuando acepté, se quedó conmigo, validándome.

En ese momento yo no necesitaba una solución, sino alguien que se sentara junto a mí y me escuchara, solo que no sabía que era algo que podía pedir.

En mi experiencia, cuando una oración termina con "y ya", es altamente probable que venga de un lugar de privilegio. "Solo haz esto y ya" implica que yo lo veo como algo sencillo y no estoy considerando que tal vez para ti no es así. Puede que la otra persona tenga limitaciones que yo no tengo y, desde mi privilegio, no veo como importantes.

Para mejorar eso, adopté la trifuerza de la comunicación de *Multiamory*. Básicamente es una clave para poder decirle a la otra persona cómo necesito ser escuchado. Esto no solo me regresa el poder y la responsabilidad del tipo de apoyo que necesito, sino que además le quita peso a la otra persona de decidir qué debe hacer.

a. Trifuerza 1 – Construyendo intimidad

La primera es la más simple y a la vez la más difícil de aplicar.

Cuando tu objetivo es la trifuerza 1 (T1) solo quieres compartir algo con la otra persona para que lo sepa. No necesitas respuestas específicas ni esperas que suceda nada particular; quieres compartirlo y es suficiente. Tal vez sea algo feliz que te sucedió, un suceso desagradable o una historia que te pareció interesante.

> Ejemplo 1: *Oye, quiero compartirte que hoy tuve una situación muy estresante en el trabajo. Me gustaría que me escucharas y no espero nada más de ti, solo quiero saber que estás aquí y que puedo contártelo.*
>
> Ejemplo 2: *Quiero decirte que hoy tuve una pelea con mi novio. No espero nada de ti ni necesito que me ayudes a resolverlo, ya que es trabajo que estoy haciendo. Aun así, es posible que me notes un poco ausente y me gustaría que supieras por qué es para evitar preocupaciones o que te sientas mal.*

b. Trifuerza 2 – Validando sentimientos

Esta surge cuando estás buscando apoyo o validación. Ya sea que haya sucedido algo maravilloso y quieras compartirlo con alguien que te aliente y te pueda dar un abrazo o que estés preocupado y quieras a alguien que pueda ofrecerte algo de empatía. Saber que alguien más ha pasado por una situación similar o que simplemente validan tus sentimientos puede ser de gran ayuda en momentos difíciles.

Ejemplo:

A: *¡Hoy mi novio me dijo "te amo" por primera vez!*
B: *Veo que eso te tiene muy emocionado y contento, ¡me da mucho gusto por ti!*

Empatía no es lástima ni menospreciar al otro

Antes de seguir con la última trifuerza, creo esencial hablar de qué es la empatía realmente. Se dice que es ponerte en los zapatos del otro, pero eso trae una gran complicación: todos somos diferentes y vivimos la vida de maneras únicas. Por ejemplo, mi pareja tiene una alta tolerancia a las bajas temperaturas mientras que yo no. Si él fuera "empático" bajo la definición que conocemos, podría decir: "Yo en tus zapatos no tendría frío, no seas exagerado" y tendría toda la razón.

> **Empatía: Considerar a la otra persona y validar sus sentimientos, aunque no sea algo que yo experimentaría. No es ponerme en sus zapatos porque no me van a quedar, es imaginarme cómo me sentiría con esos zapatos, estando en el cuerpo de esa persona.**

Aquí un ejemplo:

A: *¡Estoy muy contento porque compré un nuevo videojuego que he estado esperando!*

B: *(En su mente: odio los videojuegos, pero veo que es algo que él ha estado esperando y por fin sucedió, ¿cómo me sentiría yo si obtuviera algo que me emociona y que llevo mucho tiempo esperando?). ¡Veo que estás muy contento y emocionado! ¡Qué increíble es cuando pasa eso!*

Un ejemplo con una emoción menos agradable:

A: *Estoy muy triste porque se acabó esta serie que me encanta.*

B: *(A mí no me importan las series y me da igual si terminan, pero sí he tenido momentos donde algo que disfruto mucho se acaba y es horrible). Entiendo que te sientas triste porque terminó. Es algo frustrante y difícil.*

c. Trifuerza 3 – Consejos

Esta es la única donde le pides a la otra persona que te brinde un consejo. No es pedirle la solución sino, más bien, que pueda discutirlo contigo para poder llegar a una solución juntos.

Haz más preguntas que afirmaciones. Ayúdale a la otra persona a explorar su situación. Recuerda que en este momento no es acerca de ti, sino del apoyo que quieras y puedas dar.

Cuando alguien nos pide consejos lo primero que queremos hacer es demostrar lo hábiles que somos y que tenemos la respuesta rápida y fácilmente. Poder discutir un problema implica profundizar y ayudar a la otra persona a encontrar nuevos puntos de vista.

Ejemplo:

A: *Mi novio y yo estamos enojados y no sé qué hacer, ¿me puedes dar un consejo?*
B: *Podemos platicarlo. ¿Por qué se enojaron?, o ¿qué hacen cuando se enojan?, o ¿qué necesitas en este momento y cómo puedo ayudarte a obtenerlo?*

Hay varias formas para integrar la trifuerza en tu vida diaria. A mí me encanta la estructura y los conceptos nuevos, entonces yo les platico a mis amigos y a mis vínculos acerca de esto y les pregunto si estarían de acuerdo con usarla. Si aceptan, entonces puedo decir algo como "Oye, quiero contarte qué me pasó ayer y me gustaría recibir T2 de tu parte".

También sé que hay personas que leen eso y lo odian mucho por sentirlo mecánico y poco natural. Una alternativa es simplemente decir lo que significan en lugar del código: "Oye, quiero contarte lo que me pasó ayer, pero me gustaría solo que me valides y me escuches, ¿quieres?".

Finalmente, también es algo que he implementado cuando alguien me pide que le escuche o me cuenta algo vulnerable. Antes de contestar le pregunto cómo preferiría que le escuche y le doy las tres opciones: solo escucharle, dar empatía o consejos.

Comunicación empática

Quiero retomar la comunicación empática porque considero que no es algo que nos enseñan. Al contrario, al relacionarlo con lástima puede ser algo desagradable para algunas personas o si lo ven como ponerse en los zapatos del otro, hasta contraproducente.

Comencemos con un ejemplo de la vida real:

A: *Te veo triste, ¿está todo bien?*
B: *Sí estoy triste. Ayer le pedí a mi pareja que viera una película que me encanta y se quedó dormido.*
A: *Ah, ¡no te preocupes! Eso no quiere decir que no le importes. Seguro estaba cansado. Además, hay muchas cosas por las cuales estar feliz, ¡ya quita esa cara! Malo que te hubiera sido infiel o algo así. En ese caso sí tendrías razón de estar triste. Hay gente que la pasa peor que tú así que mejor sé agradecido con lo que sí tienes.*

Esa respuesta es un ejemplo muy común de lo que se entiende popularmente por ser "empático" y "apoyar" a un amigo que se siente mal.

Si lo vemos con algo de detalle, el mensaje real es este:

- Lo que dices: *Ah, ¡no te preocupes!*
    - Contiene el mensaje: *Deja de sentirte así.*
- Lo que dices: *Eso no quiere decir que no le importes.*
    - Contiene el mensaje: *Lo que sientes no es válido ya que hay otras formas de interpretarlo.*
- Lo que dices: *Seguro estaba cansado.*
    - Contiene el mensaje: *No eres capaz de ver lo evidente.*

- Lo que dices: *Además, hay muchas cosas por las cuales estar feliz.*
    - Contiene el mensaje: *Nuevamente, tu sentimiento no es válido.*
- Lo que dices: *¡Ya quita esa cara!*
    - Contiene el mensaje: *Deja de sentirte así y cambia tu expresión.*
- Lo que dices: *Malo que te hubiera sido infiel o algo así. En ese caso sí tendrías razón de estar triste.*
    - Contiene el mensaje: *Debido a que hay cosas peores, lo que sientes está fuera de proporción y, por tercera vez, no es válido.*
- Lo que dices: *Hay gente que la pasa peor que tú, así que mejor sé agradecido con lo que sí tienes.*
    - Contiene el mensaje: *No solo es inválido sino que, además, debes sentirte avergonzado por ser malagradecido.*

Cuando nos encontramos con alguien en una situación dolorosa o de sufrimiento, lo primero que queremos hacer es sacarlo de ahí. Inmediatamente le ofrecemos alternativas y soluciones para que deje de sentirse como se siente. Por supuesto, esto es un gesto amoroso y viene de un lugar muy compasivo. Sin embargo, al tratar de arreglar una situación demasiado rápido, no estamos validando lo que la otra persona siente y, sin ninguna intención malévola, le estamos diciendo que su percepción está mal y debe cambiar.

La intención superficial sí es ayudar al otro. Sin embargo, esto surge de una necesidad de estar bien uno mismo. Queremos que el otro esté mejor porque no nos enseñan a acompañar a otra persona en su malestar. Nos urge que se sienta mejor para que no nos sintamos incómodos, inadecuados o, simplemente, porque nosotros mismos queremos huir de lo que nos reflejan esas sensaciones desagradables.

La consecuencia es que demeritamos las acciones que hace el otro dándole respuestas que seguramente esa persona ya había considerado, invalidamos sus sentimientos para que los abandone o nos volvemos condescendientes diciéndole que hay otras formas de manejar lo que le está sucediendo. La realidad es que nadie puede saber cuál sería la mejor forma de lidiar con lo que está pasando más que la persona que lo experimenta.

A veces, la persona que recibe estos comentarios puede responder de manera defensiva y tú te quedas pensando *Uy, ¿y para eso te ayudo?* Si realmente quieres ser empático y apoyar a alguien que te está compartiendo su malestar, hay que aprender a quedarnos con ella. Es necesario poder acompañar sin querer cambiar lo que está sucediendo.

Como todas las herramientas de comunicación que no nos enseñaron de chiquitos, requiere práctica y puede sentirse forzado al principio. Si lo haces lo suficiente, te aseguro que se volverá algo natural y mejorará tus relaciones románticas, laborales y amistosas.

Para responder con empatía:

1. Describe la situación que te platicó la otra persona de la forma más objetiva que puedas. Esto es sin incluir emociones, juicios ni alternativas.

Puedes empezar diciendo: "Escucho que...", "Me dijiste que...", "Entiendo que te sucedió...".

2. Describe cómo se siente la otra persona según lo que te ha dicho. Evita interpretaciones y juicios. Si no estás seguro o la persona no dijo exactamente cómo se sentía, ¡pregúntale!

Puedes decir: "Escucho que te sientes...", "Entiendo la situación, pero no me queda claro cómo te sentiste, ¿me podrías decir cómo te sentiste?".

3. Expresa cómo te sentirías si estuvieras en circunstancias similares. MUY IMPORTANTE: No cómo te sentirías EN ESA SITUACIÓN EXACTA, sino en una similar a la de esa persona.

Por ejemplo, si la persona se siente triste porque perdió una gorra muy importante, pero a ti no te interesa la ropa, piensa cómo te sentirías si perdieras algo que realmente es importante para ti. Si no tienes apego a cosas materiales, puedes tratar de imaginar cómo te sentirías si algo que te hace feliz desapareciera, así fuera una persona o alguna situación de tu vida diaria.

4. Este último paso es el más esencial: NO DES CONSEJOS NI DIGAS NADA MÁS. Es probable que sientas que tu discurso se quedó incompleto y que necesitas decir algo como "Pero todo va a estar bien". La realidad es que no sabemos si todo va a estar bien y, en ese momento, ¡no importa!

Si tienes necesidad de decir algo más, puedes simplemente reafirmar tu apoyo expresando algo como "Aquí estoy contigo", "Te escucho", o preguntando si hay algo más que puedas hacer.

Para ser empáticos, el mensaje principal que debemos transmitir es: no estás exagerando, no estás siendo dramático y sí es para tanto.

Veamos el ejemplo de arriba, pero con una respuesta empática.

A: *Te veo triste, ¿está todo bien?*
B: *Sí estoy triste. Ayer le pedí a mi pareja que viera una película que me encanta y se quedó dormido.*
A: *Escucho que hay algo importante para ti que quisiste compartir con tu pareja y no la recibió como te hubiera gustado. También escucho y veo que estás triste. Si alguien que amo no apreciara algo que es importante para mí, también me sentiría triste.*

De nuevo, tal vez sientas que falta el "Pero todo va a estar bien" o un "Si quieres yo puedo verla contigo". Eso ya será decisión de la otra persona. Por el momento, lo que estás haciendo con ese discurso es decirle "Te veo", "Te escucho", "Te entiendo" y "Te acompaño".

No es fácil y no es cómodo, pero es lo que muchos necesitamos aprender a hacer.

Comunicación no violenta

Ahora que ya sabes que la violencia es independiente de la intención con la que hice o dije algo, voy a compartirte una fórmula que puede ayudarte a evitar atacar o agredir sin querer.

Tomemos este ejemplo: hace un tiempo fui a un evento de casas de terror con unos amigos. Ese día el parque cerró repentinamente por algo que sucedió (nunca nos enteramos qué fue), así que tuvimos que irnos sin ver dos de las diez casas disponibles. Por supuesto, el parque nos dio entradas para otro día, por lo que hicimos un plan de vernos nuevamente e ir a las casas que nos faltaron.

El día acordado, ellos decidieron llegar temprano para ir a los juegos, pero yo tuve que quedarme en casa para sacar a mis perritos en la tarde, por lo que les avisé que llegaría para el evento de terror. Cuando llegué, me enteré de que ya habían ido a una de las dos casas que no habíamos visto juntos. Me enojé y les reclamé que pudieron haberme esperado, a lo que uno de mis amigos contestó que fue mi culpa por llegar tarde. De ahí, la discusión escaló a yo argumentar que había otras ocho casas que pudieron ver y que yo había avisado la hora a la que llegaría, mientras que mi amigo me enseñaba el mensaje que decía a qué hora iba a llegar.

Cuando me di cuenta de que estaba ofuscado por el enojo, decidí tomar un tiempo para calmarme. Sin embargo, mi incomodidad no bajó y preferí retirarme.

Como muchas historias que te he compartido en este libro, me importa mucho dejar claro que yo no siempre puedo aplicar las herramientas o estrategias que sé. Soy humano y hay momentos en los que no tengo energía o disposición para hacerlo.

¿Cómo se vería esta discusión si hubiera utilizado comunicación no violenta?

a. Describe la situación objetivamente. Sin interpretaciones, ni presunciones.

- *Yo había quedado con ustedes en que llegaría tarde para que fuéramos a las casas que nos faltaron. Ahora que llegué, me dijeron que ya fueron a una a la que no habíamos ido juntos y solo se puede entrar a cada casa una vez.*

Fíjate como no estoy incluyendo juicios como *no les importó, no piensan en mí*, ni nada por el estilo. Solo hablo de cuestiones observables y objetivas.

b. Expresa cómo te sientes al respecto.

- *Me sentí frustrado y poco importante. Estaba emocionado de compartir esto con ustedes.*

Evita decir: "Sentí que te..." o "Sentí que tú...". Estás hablando de qué sentiste; ponerlo en la otra persona es una interpretación.

c. Describe tu necesidad.

- *Necesito sentirme importante y parte del grupo en este momento.*

Aquí puedes utilizar las herramientas que te compartí en el capítulo 5.

d. Reconoce lo que la otra persona sí hace.

- *Aprecio que me incluyen y me demuestran mucho amor. Me siento seguro con ustedes y son muy importantes para mí.*

e. Haz una petición.

- *En este momento solo necesito sentirme escuchado y validado. Me gustaría pedirles empatía, ¿pueden?*

No puedes cambiar el pasado. Enfócate en cómo te sientes en ese momento y qué podría hacer la otra persona. Eso puede ser algo tan sencillo como escucharte o validar cómo te sientes.

La comunicación no violenta va más allá de no agredir, insultar o menospreciar a la otra persona. Implica validar que también su experiencia es legítima, que no podemos cambiar el pasado (ni es necesario) y que nos enfocamos en la reparación, como lo vimos en el capítulo anterior.

12

¿Y si (no) soy poliamoroso?

LA MONOGAMIA COMO IDENTIDAD va mucho más allá de solo tener UN vínculo sexual y romántico. Sobre todo en nuestra sociedad, donde hay una gran cantidad de privilegios de pareja que no pueden conseguirse de otra forma. De hecho, está tan normalizado esperar que estemos en una relación (monógama), que nuestra identidad está condicionada por ello hasta en cuestiones legales donde es obligatorio especificar si estamos "solteros" o "en una relación", aun cuando no tiene que ver con el trámite.

> **Privilegio de pareja: Ventajas y beneficios que una persona obtiene solo por estar en una relación de pareja monógama y tradicional. Esto puede ir desde asumir que esas personas siempre irán juntas a eventos hasta cuestiones legales como el matrimonio.**

Y va más allá. Conforme crecemos se nos enseña que nuestro objetivo principal en la vida es tener una pareja monógama "estable" y todo lo que hacemos está dirigido a lograrlo. Hay que tener un cuerpo atractivo para conquistar a una persona que será tu pareja. Hay que estudiar para tener un buen trabajo que te dará la posibilidad de mantener a esa familia que tendrás con tu pareja. Comprar una casa o un departamento es porque algún día tendrás una pareja con quien compartirla. Hasta dicen: "¿De qué sirve el éxito si no tienes con quien compartirlo?", asumiendo que no puede ser con amistades o familia, tiene que ser un vínculo romántico. A esto se le llama *amatonormatividad*. Recordemos su significado:.

> **Amatonormatividad: Creencias y expectativas que asumen que una persona solo prosperará si tiene un vínculo romántico, principalmente monógamo.**

Hace un par de años estaba en una relación con dos personas, Marco y Ricardo. A su vez, Marco estaba en una relación con J. En algún momento, una amiga de Marco nos invitó a su boda y llegó el dilema esperado: ¿quiénes irían al evento? Afortunadamente, esta amiga le dio cuatro boletos para que pudiéramos ir todos. Fue bonito poder compartirlo como polícula, pero es una situación que sucede muy raramente. En general, nuestra sociedad dicta que solo tienes un acompañante y debe ser tu pareja.

> **Polícula: La red que se genera entre vínculos que están conectados. Piénsalo como una molécula donde cada elemento es una persona conectada por un vínculo con uno o más elementos.**

Esta es una pregunta que recibo con frecuencia cuando la gente se entera de que estoy en una relación poliamorosa con dos vínculos que no están relacionados entre sí:

"¿A quién llevas a eventos como bodas o cosas de trabajo?". Es un gran ejemplo de privilegio de pareja. Si apareces en un evento importante con alguien que no es tu pareja, la gente inmediatamente asume que tuvieron un problema o que se están separando. Tú DEBERÍAS llevar a tu pareja a todas estas situaciones. En una relación ética donde asumo responsabilidad (y poder) de mis decisiones, mi respuesta es "Depende de la conversación que tengamos". Para mí es importante saber si solo puedo llevar a uno, cuál de ellos quiere ir (o puede ser que ninguno quiera) y desde ahí iniciar la conversación.

Monogamia ética

Aquí es donde me importa mucho hacer una distinción esencial en cómo se practica la monogamia: tradicional o éticamente.

Piénsalo en cuestiones de diversidad sexual. Cuando yo era más joven, aún me sucedía que personas mayores me preguntaban quién "era la mujer" en la relación. Como hay una sola forma de entender las parejas desde un lente hetero y mononormativo, se busca inmediatamente buscar cómo hacer que las personas quepan en los roles existentes.

> **Normatividad (hetero y mono): Reglas y expectativas establecidas a partir de un modelo relacional o una orientación sexual. Heteronormatividad y mononormatividad, entonces, es asumir que solo las relaciones heterosexuales y monógamas son válidas.**

Lo mismo pasa en las relaciones monógamas tradicionales. Para calificar como "pareja", se debe cumplir que sea:

- Una relación jerárquica. Tu pareja está por encima de todas tus otras relaciones.
- Para siempre.

Por supuesto, abandonar ese modelo relacional implica perder todos esos privilegios y tener que buscar alternativas para satisfacer las mismas necesidades de pertenencia, reconocimiento, participación y hasta de derechos.

El primer paso para tener una relación monógama ética es deconstruir mi sentido de seguridad y pertenencia. Tradicionalmente se entiende que lo que dará estabilidad en mi relación es la exclusividad romántica y sexual. Todo es negociable, excepto una infidelidad donde mi pareja esté con otra persona. Sin embargo, esto pone toda la presión en el sexo entre nosotros y lleva a problemas como pensar que si ya no lo tenemos, nuestra relación ya no es válida o "no me ama", cuando la sexualidad es una situación cambiante que tendrá altas y bajas.

Deconstruir significa tomar lo que he aprendido y dividirlo en partes para quedarme con aquellas que me hacen sentido y desechar las que no. Por ejemplo, deconstruir la idea tradicional de monogamia puede ser quedarme con el objetivo de tener un solo vínculo romántico y sexual, pero abandonando la idea de que si la relación termina, soy un fracaso.

En mi jornada en la no monogamia y el poliamor he aprendido a construir otros pilares que sostengan mi relación, separado de la frecuencia con la que tenga sexo con mi pareja. Esto ha sido muy reconfortante y liberador. Al ser una persona demisexual necesito sentir una conexión con la otra persona para sentir deseo y atracción sexual, particularmente cuando es uno a uno. Además, mi deseo sexual siempre ha sido mucho menor que el de mis parejas, lo que generó discusiones y decepciones donde yo me sentía insuficiente por no cumplir con sus expectativas. A fin de cuentas, si nos amamos yo debería querer coger todo el tiempo, ¿no? Y si no cogemos, se toma como señal de que ya no me gusta esa persona. Eso me llevó a obligarme a tener intimidad sexual cuando no estaba realmente dispuesto a hacerlo, lo cual se volvió una dinámica muy violenta hacia mí mismo. Si yo nunca obligaría a alguien más a tener sexo conmigo, ¿por qué me obligaba a hacerlo con alguien más?

Entonces, ¿qué me ayuda a sentirme seguro en mis relaciones monógamas? Para empezar, quiero recordarte que es perfectamente válido elegir una sola pareja que solo quiera estar contigo. Esa exclusividad puede ser UNO de los pilares que sostienen tu relación y puede tratarse de algo esencial y no negociable.

Al ser tan importante como lo he mencionado ya un par de veces, asegúrate de que tengan el mismo concepto de qué es sexo. Por ejemplo, tuve una relación con alguien para quien besar a otras personas y tener un faje no era tener sexo. Me impactó mucho porque para mí era algo evidentemente sexual e íntimo. En ese momento renegociamos el acuerdo para incluir eso, pero haberlo omitido pudo haber generado un gran problema entre nosotros.

Entonces, aunque en mis relaciones monógamas la exclusividad es importante y por supuesto que generaría un gran conflicto si se rompiera, es tan solo un elemento que me da seguridad. Los demás pilares fui aprendiéndolos en mi jornada en la no monogamia.

No monogamia ética

Las películas, las historias y las series nos han enseñado que hay dos formas de relacionarse románticamente: tener una pareja o una tríada. Por eso cuando hablo de poliamor la gente inmediatamente asume que todas las personas tienen que estar involucradas entre sí. Sin embargo, piénsalo como el género. Antes asumíamos que las únicas dos opciones era ser *masculino* o *femenino*, pero ahora podemos reconocer una gran variedad de identidades que nos ayudan a expresarnos y vivirnos más auténticamente.

> **Tríada: Una relación donde tres personas están relacionadas romántica y sexualmente entre ellas.**

Toda forma de relacionarse románticamente diferente a tener un solo vínculo romántico cabe en el paraguas de la no monogamia. Y aquí entro en un conflicto. ¿Entonces tener amantes también es una forma de no monogamia? En la literatura relacionada con no monogamias, he visto este término cambiar un par de veces. El primero fue pasar a llamarle *no monogamia consensuada* (NMC) lo que precisamente eliminaría la infidelidad como parte del término. Y surge otro problema, ¿qué hay de esas relaciones donde me manipulan para dar mi consentimiento, pero realmente no quiero hacerlo?

En una de mis primeras relaciones, mi pareja quería explorar que estuviéramos con otras personas, pero él dictaba el tipo de interacción que podía tener, sin preguntarme lo que yo quería o necesitaba. Como yo no tenía idea de que podía ser diferente, acepté, lo que me llevó a vivir una experiencia muy desagradable y confusa. Cuando íbamos a algún club de sexo, él me decía si podía tocar a alguien o no, además de decidir quién podía tocarme. En teoría, yo había dicho que sí, por lo que era consensuado, pero realmente estaba siendo manipulado para el placer de otra persona.

Al momento de escribir este libro, el término más común es *no monogamia ética* (NME). Pensarlo así me da la libertad de construir la relación que sea más funcional para mí, dependiendo de mi ética personal (capítulo 2). No todo es monogamia y poliamor, veamos algunas otras opciones.

Relaciones abiertas

Este es el concepto que más comúnmente se confunde con el poliamor. Cuando comencé a salir en citas, aprendí que era popular que hubiera parejas que se acostaran con otras personas y eso me confundió mucho. ¿Cómo podían tener sexo con alguien que no fuera la persona que aman? Además, me impactaba la idea de siquiera imaginar a mi pareja en la cama con otra persona.

No fue sino hasta mucho después que entendí cómo hay personas que deciden separar el sexo del amor romántico. Esto puede verse de varias maneras, desde tener amigos con derechos hasta tener encuentros anónimos. En una relación abierta, ambas personas están de acuerdo en que su pareja tenga encuentros sexuales con otras personas, manteniendo exclusividad romántica. Suena sencillo, pero trae varios retos.

Un error muy común es cuando una persona llega con su pareja y le propone abrir la relación sin siquiera haber reflexionado cómo se ve eso para ella. En ese momento, su pareja va a empezar a imaginar todos los escenarios catastróficos posibles y probablemente entre en pánico. Tal vez tú solo quieres explorar la posibilidad de conocer a alguien en un bar y que no pase de un faje, pero tu pareja está imaginando que vas a abrir *apps* de ligue para irte con una persona diferente todos los días, olvidando que existe y dejando a un lado tu relación.

Para evitar esto, yo sugiero hacerse las siguientes preguntas antes de presentar la opción o la curiosidad a tu pareja:

- ¿Para qué quieres abrir tu relación?
  - Fíjate cómo la pregunta no es "por qué", sino "para qué". ¿Quieres explorar partes de tu sexualidad que no has visto hasta ahora? ¿Quieres experimentarlo por pura curiosidad?
- ¿Cómo se ve en el día a día?
  - Considera que tu relación va a cambiar, ¡ese es el objetivo! Pero eso no quiere decir que vas a descuidarla o perderla. Para prevenirlo, tómate un tiempo para imaginar cómo se vería esa relación abierta. ¿Cómo conocerías gente? ¿Qué tan seguido te gustaría hacerlo? ¿Cómo va a afectar tu relación actual y qué cambios necesitan discutir?
- ¿Qué tan urgente es para ti?
  - Las personas en la relación son más importantes que la relación en sí. Esto quiere decir que si la dinámica es dañina para las personas, puede ser más conveniente terminar esa relación.

Si no estás seguro de la respuesta, te dejo un ejercicio para explorarlo:

- Para las siguientes preguntas solo puedes responder *sí* o *no*. Todo lo que no es *sí*, es *no*. "Tal vez", "No estoy seguro", "Tendría que pensarlo", todas esas serían *NO*. Ve contestando hasta que llegues a un *sí* rotundo.
- ¿Estarías cómodo esperando 10 años para abrir tu relación?
- ¿Qué tal 5 años?
- ¿2 años?
- ¿1 año?
- ¿10 meses?
- ¿8 meses?
- ¿6 meses?
- ¿3 meses?
- ¿1 mes?

El sexo sin afecto no existe. Esto no quiere decir que te enamoras de todo el mundo con quien te acuestas, sino que siempre se afectan uno a otro. Por más anónimo que sea, estás tocando otro cuerpo, sintiendo a otra persona y respirando con ella. El simple hecho de compartir placer ya es afectarnos entre nosotros.

No digas, no preguntes (*Don't ask, don't tell*)

"Ojos que no ven, corazón que no siente", dicen por ahí. Y suena muy bien en teoría. Este modelo se basa en que las personas involucradas pueden tener encuentros sexuales con otros, pero no se hablará de ello. Es más, uno de los acuerdos principales es que yo no me entere de que estuviste con otra persona. De nuevo, cualquier modelo es válido y puede llevarse éticamente siempre y cuando las personas involucradas estén dando su consentimiento explícito, libre, entusiasta, específico, reversible e informado. Dicho eso, hay algo muy particular que me pasa con "no digas, no preguntes".

Esta interacción va a estar basada necesariamente en la deshonestidad. De manera intencional, voy a tener que mentir, omitir información o evitar temas con el objetivo de engañarte. Eso sigue siendo deshonestidad, aun si es algo en lo que están de acuerdo. Y no es cuestión de que tu pareja te esté checando o poniendo a prueba. Hay preguntas tan mundanas y casuales como "¿Qué hiciste hoy?" o "¿Qué harás mañana?" que no podrán ser respondidas honestamente.

Cuando Ricardo y yo empezamos nuestra relación, él me comentó que tenía amigos con quienes tenía sexo. Como íbamos a empezar siendo cerrados, ya no los vería para tener encuentros, pero sí para convivir y pasar tiempo juntos. Esto me hizo mucho ruido porque no entendía la diferencia entre que fueran sus novios y sus amigos, si básicamente hacía con ellos lo mismo que conmigo (ver QPR más adelante).

En ese momento le pedí que no me dijera quiénes eran, ni me hablara de ellos hasta nuestro siguiente RADAR. Durante ese tiempo, yo revisaría qué me pasaba con el tema, qué necesitaba de él y cómo. Desafortunadamente, la vida tenía otros planes. Un día íbamos saliendo del gimnasio y se acerca un hombre musculoso, barbón, guapo y sudado. Ricardo se congeló, saludó al personaje y ni me presentó, se veía claramente muy conflictuado. Al llegar al carro, le pregunté quién era y me dijo: "No sé qué hacer, o te miento o rompo un acuerdo contigo". Me di cuenta de que lo puse en una situación difícil. Él no quería mentirme, pero en ese momento no tenía otra opción más que faltar a nuestro acuerdo.

Personalmente, elijo tomar tiempo para abrir la relación y explorar qué necesito para sentirme seguro antes de saltar al cambio. Al final de este capítulo te comparto una estrategia que me ha sido muy útil.

Monogamish

Aunque a primera vista suena como una relación abierta, hay una diferencia muy importante. Mientras que en una relación abierta la dinámica establecida es poder estar sexualmente con otras personas, en este caso, es una pareja que en la mayoría de los casos se desarrolla como monógama. Lo que la hace diferente es que sus acuerdos pueden incluir tener sexo con otras personas, pero solo en situaciones específicas como estar en un viaje, hacerlo juntos o cualquier variación ocasional que les permita regresar a su dinámica monógama.

Swingers

En este modelo relacional, una pareja comparte experiencias sexuales con otra pareja. Aunque el contacto está limitado a la parte sexual, es posible que generen amistad o algo más como una QPR. Sin embargo, sigue habiendo exclusividad romántica.

QPR

Las relaciones cuasiplatónicas (o *queer* platónicas) son algo similar a la anarquía relacional, excepto que se centran específicamente en desdibujar la línea entre amistad y relación romántica. Este modelo viene de cuestionar por qué la cohabitación, crianza, sexo y planes a futuro son exclusivos de relaciones románticas.

Como dato curioso, cuando este modelo empezó a surgir, quienes lo practicaban no tenían una etiqueta para identificarse entre ellos. Hasta un día que alguien en Reddit sugirió como broma llamarse "*zucchinis*". Afectuosamente, yo en español digo que son "calabacitos".

Por lo tanto, puedes tener una relación con un amigo donde realicen actividades o compartan situaciones que socialmente son reservadas para los novios. Lo que les hace ser *calabacitos*.

Poliamor

Una persona poliamorosa es aquella que se considera capaz de tener dos o más vínculos románticos simultáneos donde todas las personas involucradas saben de la existencia de los demás y dan su consentimiento.

Aquí hay varios puntos que quiero dejar bien claros:

- **a.** Los vínculos románticos no necesariamente son sexuales.
- **b.** No todas las personas en la relación poliamorosa tienen que interactuar entre ellas.
- **c.** Los metamores pueden conocerse e interactuar o ser independientes. El único requisito es que sepan de la existencia el uno del otro.

d. La compersión no es requisito para tener una relación poliamorosa.
e. Las relaciones poliamorosas pueden ser cerradas o abiertas, tanto sexual como románticamente.

Ahora tal vez te preguntes qué diferencia a un vínculo romántico de una amistad. En algún momento le pregunté eso a una de mis parejas que tenía amigos sexuales. Cuando me describió su relación como gente que quería mucho, pasaban tiempo juntos, tenían sexo y compartían intereses, mi reacción fue decirle que claramente eso era un novio. Lo que me dijo entonces fue que para él la diferencia estaba en que él me elegía a mí para compartir su vida y hacer un plan juntos. Para él, esa era la diferencia. Para mí, un vínculo romántico es algo similar. Es una persona con la que elijo construir un proyecto de vida que es más de lo que hago estando solo. En la monogamia, es más sencillo entender la diferencia gracias a la escalera eléctrica de las relaciones, además de que el sexo solo se comparte con tu vínculo romántico. Una pregunta muy común es cuántos vínculos puedes tener en una relación poliamorosa. Mi respuesta, frustrante para algunos, es *¿tú qué quieres?* Ten en cuenta que cada relación requiere tiempo, energía, atención, dinero y demás recursos para que funcione. Entonces, ¿cuántas quieres y puedes tener a partir del lugar donde estás hoy?

Mi máximo ha sido tener tres vínculos ancla, pero porque uno de ellos era a larga distancia. En pareja, yo requiero mucha atención y quiero verlos y convivir lo más posible. Desafortunadamente, aunque el amor es infinito, el tiempo no lo es. Entonces debo considerar cuánto tiempo puedo y quiero dedicarle a cada relación y no olvidarme de mi vínculo conmigo.

Tipos de poliamor

Tríadas

Igual que mucha (muchísima) gente que conozco, mi jornada hacia la no monogamia ética comenzó realmente con una cuasitríada accidentada que surgió a partir de asumir que podía controlar lo incontrolable e ignorar todo aquello que me incomodaba. La historia clásica fue: una pareja conoce a una persona, comienzan a relacionarse sexualmente, surgen afectos que se ignoran por miedo e inseguridad, todos se hacen mensos y, eventualmente, la relación colapsa cuando el vínculo entre dos es más fuerte que el que había entre los tres.

Contrario a lo que popularmente se representa en los medios, las tríadas son de lo menos común en el poliamor ético, particularmente porque es bien pinche complicado. Para empezar, ¿quieres un trío o una tríada? Muchas parejas tienen la fantasía de un trío sexual y ponen como condición que “nadie se enamore” o que “no sea con gente conocida”. El problema es que tener interacción sexual con otro ser humano va a implicar conectar, al menos un poquito. Paradójicamente, la ideal prevaleciente es “queremos experimentar sin que nada cambie entre nosotros”. Detente unos segundos a considerar esa idea. Experimentar sin que nada cambie. Explorar cosas nuevas sin que nada cambie. El simple hecho de sugerirlo ya cambió tu relación para siempre. Ya no serán los mismos que eran antes de considerar una posibilidad así. Aferrarse a ser algo que ya no son tiene resultados catastróficos.

Estas parejas ponen sus sentimientos y emociones en el clóset, esperando que se mueran y no les traigan problemas en el futuro. Esa curiosidad, anticipación, esperanza, deseo, fascinación y demás se convierten en miedo viviendo en ese espacio. Sin embargo, los miedos adoran la oscuridad, se alimentan de ella y crecen haciéndose más fuertes y prolíferos.

Por supuesto, si lo que realmente buscan es una experiencia única y particular, es posible que no pase de ahí. Mientras haya consentimiento ético (explícito, libre, entusiasta, reversible, específico e informado) de todas las partes involucradas, hacer un trío con tu pareja puede ser una experiencia maravillosa que hasta los lleve a conectar de nuevas formas. Cuando estas expectativas no se hablan es posible que se comiencen a formar vínculos nuevos con la tercera persona y *de pronto* ya estén enamorados. Nomás que como ya te había dicho, el amor es una decisión, no un accidente.

Ahora, aquí quiero hacer una pausa para especificar que las tríadas sí existen y sí pueden ser funcionales y felices, solo que requieren aprender a relacionarse de una manera completamente diferente.

¿Has conocido una tríada en la vida real? No me refiero a las que salen en las series y películas donde se espera que dos de las personas involucradas se den cuenta de que son el verdadero amor el uno del otro y dejen al tercero (que resulta ser un villano por alguna extraña razón).

Las personas que están empezando en la no monogamia ética se aferran a las "reglas" de la monogamia tradicional y solo le agregan más personajes. Se traen la exclusividad sexual, no por convicción sino porque "¿Qué tal que nos pasa otra vez y alguno de los tres se enamora de otro?"; la jerarquía de los afectos donde se juran que se van a amar con la misma intensidad siempre para evitar que alguien se sienta excluido de la relación; la escalera eléctrica de las relaciones, y entran en conflicto porque no pueden casarse los tres y quién se va a quedar como "el tercero", entre otros tantos mitos del amor romántico.

Usualmente estas tríadas se mantienen contentas mientras dura la ENR (o el enamoramiento) y la novedad de estar los tres, pero la relación se deteriora rápidamente y hay competencia entre dos de ellos, envidia de actividades o compatibilidades que comparten los otros dos e, inevitablemente, se disuelve la tríada y queda una nueva relación monógama formada por el tercero y uno de la pareja original, o a veces la muy resentida pareja original con reglas mucho más estrictas y enojos ocultos.

Viéndolo ahora desde un lugar donde tengo más información, experiencia y herramientas, ese resultado me parece no solo lógico sino hasta esperado. Al incrementar el número de relaciones, las dificultades y conflictos que ya estaban presentes en la relación monógama crecen exponencialmente. Una tríada no es una sola relación, son 10, en sentido real y no solo metafórico. Entonces échale que cada problema que tengas originalmente se multiplica por un potencial de 10. No es cualquier cosa.

Una relación no monógama ética requiere que se atiendan tres relaciones individuales: la relación entre A y B, y las relaciones que tienen ellos consigo mismos. Algo que tiende a suceder con el tiempo en las relaciones monógamas tradicionales es que las personas se funden y empiezan a perder su identidad. De pronto la persona con la que me casé ya no me llena, ni me emociona, ni me interesa, probablemente porque ya ha perdido ese mundo que tenía cuando la conocí y todo es demasiado familiar. Por lo tanto, cualquier cambio que quiera hacer alguno de los participantes va a ser amenazante porque estamos, literalmente, pegados.

En una tríada esto es aún más intenso. Además de las relaciones que tiene cada persona consigo misma para poder atenderse, tiene dos relaciones con dos personas más. Pensémoslo como que A, B y C tienen una relación. En ningún orden de importancia o jerarquía, tendríamos estas relaciones:

1. A, B y C juntos
2. A con B como dinámica de dos
3. B con C como dinámica de dos
4. A con C como dinámica de dos
5. A con la dinámica de BC como pareja
6. B con la dinámica de AC como pareja
7. C con la dinámica de AB como pareja
8. A consigo mismo
9. B consigo mismo
10. C consigo mismo

Esto sin contemplar que A y B se relacionan como vínculo romántico Y como metamores. Considera que habrá conflictos que pueden solo incluir a dos de los involucrados y, en ese caso, no es tu responsabilidad resolverlo, pero sí te afectará. Eso es una tríada. Y es por eso por lo que, para mí, es la configuración más complicada en el poliamor.

Al principio es muy fácil enfocarse solo en la dinámica que tienen los tres, ya que es lo más novedoso y emocionante. Eventualmente, surgirán las demás relaciones y empezarán a demandar su espacio y atención, por más que quieran ignorarlas. A tal vez descubra que le gusta más ir al cine solamente con C, pero prefiere ir al bar con B y C juntos. Y eso, no siempre. Sospecho que tal vez consideres que esto es demasiado complicado y ¿por qué alguien haría algo así cuando podemos fluir nada más y ya? "Jaime, ¿es mejor empezar una tríada desde cero o abrir una relación que ya tiene tiempo? ¿Cómo se debe hacer?" son preguntas que recibo todo el tiempo. Si me conoces un poco, seguro sabrás mi respuesta aun antes de que yo te la diga: ¿Tú qué quieres? Sin embargo, aquí hay un pequeño detalle. Es bien difícil querer algo que no conozco porque no sé que tengo esa opción. Por lo general, nos vamos por aquello que nos parezca más conveniente, aunque sea todo eso que describí anteriormente y que, es probable, no funcione como quisieras. Así que aquí te comparto mi propuesta de relaciones éticas aplicada a las tríadas.

Esto es una propuesta a partir de mis valores, mi experiencia y mis conocimientos. NO es LA forma definitiva de hacerlo. Esa solo podrás descubrirla tú.

Si estás en una pareja que se va a abrir.

Antes de empezar con esto, considera que tu relación actual va a terminar. Relacionarte con otra persona, en el modelo relacional que sea, va a implicar que pierdas cierto control y libertad. Eso es inevitable. Lo que puedes decidir es cuánto estás dispuesto a ceder y cuánto necesitas.

Revisa qué tanto espacio hay en tus dinámicas para explorar con otra persona. Si la vida con tu vínculo está fusionada 24/7, la única forma de que alguien más entre va a ser quitarle tiempo, energía y espacio a tu vínculo (que es uno de los miedos más prevalecientes en esta dinámica).

Primero, tómense un tiempo para desenredarse. Establezcan acuerdos con la plena consciencia de que seguramente tendrán que ser modificados cuando llegue la otra persona. Eso que imaginan que funcionará solo existe en su mente y no saben qué efecto tendrá la otra persona, ni qué necesidades presentará.

Después, vuelve a considerar que esta relación está terminando. Sí, ya sé que lo mencioné como punto número uno, pero no puedo enfatizar lo suficiente qué tan esencial es esto. Tu relación va a transicionar y, aunque no perderás a la persona, varias dinámicas sí tendrán que cambiar o dejar de existir.

Conozcan a la nueva persona como pareja (o sea, los tres juntos), pero también tomen tiempo para conocerla uno a uno. Si te da miedo que tu pareja se vaya con el otro si un día salen a tomar un cafecito, ¡imagínate cómo te vas a sentir el día que te digan que quieren irse de viaje una semana! Respeta y atiende la agencia de todos los involucrados.

Toma precauciones para no caer en relaciones abusivas o violentas a partir de usar la jerarquía como un arma para conservar "tu relación principal".

Diviértete, disfruta la experiencia y conoce una nueva faceta de ti mismo. Recuerda que esto lo estás haciendo para sentirte bien y ser feliz. Si te la pasas sufriéndolo, detente y reevalúa qué es lo que necesitas. Si duele, ahí no es.

Si eres la persona que llega a una relación establecida.

Considera todos los puntos anteriores, pero acerca de tu relación contigo mismo. Puede sonar extraño e inusual, pero es importante que consideres si la dinámica que tienes contigo es compatible con formar todas las relaciones que mencioné al principio del apartado.

Ten en cuenta que es muy común sentirse secundario aun cuando no haya una jerarquía en la pareja original. Ahí no solo será necesario el trabajo de la pareja para incluirte y considerarte, sino que tú también puedas posicionarte en el lugar que necesitas.

Otras ideas intrusivas que pueden hacer difícil el sentirte parte de la relación son los mitos del amor romántico. Recuerda que esta relación no se va a ver como todas esas que hemos visto en las telenovelas y en Disney (honestamente, para mí eso es un plus). Tú puedes decidir cuáles de esas ideas te sirven, pero tiene que ser algo intencional.

Nuevamente, diviértete y disfruta la experiencia. Lo estás haciendo para eso, no para sufrir.

Poliamor jerárquico

Tal vez hayas escuchado a personas referirse a sus parejas como "primarias" o "secundarias". Esto es muy común sobre todo en personas que están iniciando o que no han tenido mucha interacción con otras personas poliamorosas. Recordemos que la monogamia me da el privilegio de ser lo más importante para mi pareja y estar por encima de muchas de sus otras relaciones (si no es que de todas). Es extremadamente común que parejas iniciando en el poliamor quieran mantener esa estructura, en particular porque les da una idea de seguridad y "protege su relación". Desafortunadamente, la jerarquía no solo me brinda una seguridad falsa, sino que además es contraproducente.

Cuando empecé mi relación a larga distancia con Daniel, una de sus preocupaciones era que yo vivía con Marco en

México. Asumió inmediatamente que habría una jerarquía y él tendría que conformarse con ser secundario. Le expliqué que yo no me manejo así, pero le costaba trabajo verlo de otra forma. Me preguntó: "¿Y si yo quiero vivir contigo? ¿Dejarías a Marco por mí?". Esto, por supuesto, venía del miedo de que eventualmente yo lo dejara a él por Marco. Sin embargo, le contesté que si yo dejara a Marco por él, estaría demostrándole que, efectivamente, yo estoy dispuesto a reemplazar personas y elegir a una sobre otra. Reafirmando y comprobando su miedo.

Establecer una jerarquía es como tener un trono para una persona. Esa se vuelve el monarca de mi vida, pero seguramente has visto o leído más de una historia de monarquías y uno de los conflictos mayores es que los monarcas tienen que defender de manera constante su posición de muchas amenazas. Si te otorgo un trono único y con poder, también te entrego la posibilidad de que alguien te lo quite.

La jerarquía solo es agradable cuando yo soy la persona que está arriba.

La dinámica en una relación jerárquica es así: una pareja primaria toma las decisiones basadas en sus necesidades, considerándolas una prioridad. Establecen reglas que aplicarán para vínculos secundarios o terciarios, sin siquiera haberlos conocido, por lo que no pueden tomar en cuenta sus sentimientos. Se le avisa al vínculo secundario o terciario que, en caso de romper alguna regla o cruzar un límite, perderá privilegios en la pareja que pueden ir desde compartir tiempo o cama, hasta la ruptura definitiva.

Esto lleva a dinámicas abusivas donde el vínculo secundario que ya está enamorado y metido en la relación se obliga a tolerar comportamientos inaceptables con tal de no perder la relación. En otras palabras, el amor que siente se usa como rehén para que acepte las reglas.

Si estás en una relación jerárquica, pero tu voz es considerada en las reglas y no se imponen a menos que estés cómodo con ellas, NO estás en una relación jerárquica.

Poliamor cósmico

Para mí, una relación poliamorosa ética es donde todas las personas pueden ejercer su agencia con honestidad, consentimiento y compasión (como lo explico en el capítulo 2). Y como soy fan de las etiquetas, he adoptado unas diferentes a vínculo primario, secundario y terciario. Personalmente, le digo poliamor cósmico por los términos, pero también porque se escucha muy lindo y trascendental; además de que queda perfectamente con mi analogía del amor como planetas conectados. Hasta he empezado a considerar cambiar "polícula" por "constelación".

Por supuesto, recuerda que todo esto solo debe tener sentido para ti y para la persona con la que te estás relacionando.

Los términos y definiciones que te comparto son mi propuesta y las características que encuentro más frecuentemente en la literatura y en la comunidad, pero eres libre de modificarlos siempre y cuando se lo comuniques a la otra persona.

Vínculo ancla

La persona con la que decido entrelazar mi vida más estrechamente. Yo lo entiendo mejor cuando lo veo como la persona a la que considero cuando voy a tomar una decisión de vida. Por ejemplo, mudarme de casa o ciudad, adoptar, cambiar radicalmente mi carrera o trabajo.

En este caso, mis decisiones de vida le afectan a la otra persona también. No le estoy pidiendo permiso, pero sí la estoy tomando en cuenta, sobre todo para poder atender los efectos que pueda tener.

Vínculo satélite

Es una persona con quien mi vida no está tan entrelazada, pero sigue estando en mi órbita. Es un vínculo cercano con quien tengo interacción frecuente y comparto algunos planes.

Aquí mis decisiones de vida no le afectan directamente, entonces cuando las comparto es más eso, informarle y acompañarnos en el proceso.

Vínculo cometa

Así como los cometas, este vínculo aparece mucho menos frecuentemente y cuando llega es motivo de celebración. Cuando se va, lo pierdo de vista, pero sigue en nuestro universo compartido, por lo que nos veremos nuevamente.

Metamor

Regresando al ejemplo de mi relación con Marco y Ricardo, ninguno de los tres teníamos experiencia realmente en el poliamor, pero fuimos muy compatibles en cuanto a disposición y compasión en el proceso. Ahora, te recuerdo que Marco y Ricardo no tenían ningún vínculo romántico, ni sexual, solo los unía su amor por mí (y el mío por ellos).

La primera vez que le dije a mi mamá que llevaría a Ricardo a una cena familiar, me dijo con preocupación: "¿Y Marco? ¿Cómo lo trato a él?". Fue necesario explicarle que Ricardo no era mi amante y mi relación con Marco seguía siendo igual. La relación que ellos tenían era de *metamores*, literalmente el amor de mi amor o la pareja de mi pareja. La diferencia entre esto y ser amantes es, precisamente, que un amante trae la carga social de ser escondido, incorrecto y una traición. Además, cuando hablamos de la pareja y el amante, también hay una jerarquía en quién es más importante (que tendrás que decidir tú).

A mí me encanta el concepto de *metamor* porque les da agencia y reconocimiento a los vínculos independientes. No tienen que ser amigos, ni convivir más allá de lo que les sea cómodo, pero permite darle nombre a ese espacio y provee una oportunidad de convivencia diferente.

Unicornio

Al iniciar la no monogamia y el poliamor como conceptos, surgió la idea de los *unicornios*. Sucedía cuando una pareja (principalmente heterosexual) buscaba a una mujer con quien tener sexo con frecuencia. Se decía que era tan poco probable encontrar a una mujer que solo quisiera tener sexo, sin una relación romántica, que era como cazar un unicornio.

Creo que es evidente lo degradante y sexista que es el término. Desde cosificar a la mujer hasta considerar su sexualidad como algo limitado al amor de pareja, ignorando el placer y la libertad que pueda ejercer. Sobre todo porque se asume que un hombre no tendría ese problema. En otras palabras, yo no uso este término y me parece bastante perjudicial que aún exista en nuestra comunidad.

Configuraciones

Ahora que ya sabes que el poliamor va mucho más allá de las tríadas, tal vez puedas imaginar todas las constelaciones que pueden crearse.

Lo más común es encontrar vínculos independientes, por lo que verás varias V, W, N y similares. Ve esas letras y considera cada vértice como una persona y las aristas como la conexión entre ellas. Por ejemplo, yo tengo una relación con Marco y con Simón, por lo que yo soy el vértice y ellos las aristas (V). Ahora, si Marco tiene una relación con Marshall, somos una N.

Sabiendo eso, las polículas o constelaciones que pueden armarse son infinitas.

En cuanto al nivel de interacción, también existen estilos.

- Poliamor paralelo: Los metamores saben de la existencia de los demás, pero no comparten espacios.
- Poliamor de sobremesa: Los metamores se sienten cómodos conviviendo con los demás vínculos en un ambiente amigable y cordial. Pueden ser amigos o solo conocidos.
- Poliamor en regazo (*lap-sitting*): La polícula tiene lazos muy estrechos. Los metamores pueden ser amigos muy cercanos o hasta tener vínculos sexuales o afectivos.

Anarquía relacional

Desafortunadamente, este es de los conceptos que más he visto usados como armas.

A primera vista, pareciera que el concepto se refiere a que no haya orden o reglas en la relación y que las personas que la conforman solo "fluyan" y cada quien se haga responsable de sus emociones de manera independiente. Al entender el concepto de anarquía, es claro que esa interpretación está muy alejada de la realidad. La anarquía no es ausencia de reglas, sino no seguir reglas impuestas. Para que eso funcione, es necesario que las personas involucradas se hagan responsables de la relación y se encarguen de crear sus propios acuerdos, asumiéndose como los encargados de establecerlos, respetarlos y honrarlos.

Básicamente, la anarquía relacional es deshacerme de las etiquetas y normas preestablecidas y generalizadas para atender mis relaciones como algo particular y único, haciendo a un lado las jerarquías provenientes de la hetero y mononormatividad.

Por ejemplo, cuando yo conozco a alguien por quien siento atracción, en lugar de pensar que quiero que sea mi novio o mi amigo, me enfoco en qué quiero compartir con esa persona, qué quiero ofrecerle y cómo se ve. A partir de ahí, puedo platicarlo y llegar a un acuerdo. Ponerle una etiqueta dependerá de los acuerdos.

Si conozco a alguien más con quien quiero una relación similar, no digo: "Es mi novio", transfiriendo los acuerdos que están en mi otra relación. Más bien, empiezo el proceso nuevamente, atendiendo esa conexión de forma particular. Esto incluye relaciones amistosas, románticas, sexuales y familiares. Socialmente todas esas tienen características esperadas y jerarquías preestablecidas. La anarquía relacional ignora eso y crea las suyas, por supuesto a partir de acuerdos consensuados.

Si alguien te dice que practica la anarquía relacional y se niega a hacer acuerdos por ello, esa persona no está practicando anarquía relacional, solo no quiere tener una relación donde asuma responsabilidad de sus acciones.

Relaciones éticas

Aunque los primeros dos capítulos de este libro son el desarrollo de mi propuesta de relaciones éticas, quiero incluirlo aquí nuevamente. Llamé *relaciones éticas* a aquellas que no dependen del número de vínculos, ni de etiquetas preestablecidas, de forma similar a la anarquía relacional. En este tipo de relaciones, las personas involucradas establecen cuáles son sus valores esenciales en la relación que quieren construir. Después, describen cómo se ven esos valores en acciones y revisan compatibilidades. Particularmente, para mí es esencial considerar la agencia, honestidad, consentimiento y compasión de los mismos.

Más que hablar de personas o dinámicas tóxicas, yo hablo de incompatibilidades fundamentales.

Amigos con derechos y casi algos

Esta última categoría la incluyo más porque es un término popular, aunque yo la he dejado de usar.

Los *amigos con derechos* son amistades con las que tienes sexo. Sin embargo, ¿por qué considerar que el sexo es un derecho de las relaciones románticas? Desde que dejé de considerarlo así, más que un derecho, pienso en el sexo como una forma de conectar con otra persona, con mi cuerpo y de sentir placer.

Cómo abrir tu relación

Antes de hablar de relaciones abiertas, primero tenemos que llegar a un acuerdo acerca de una palabra oscura, escondida y tabú: *sexo*. Y no es solo cuestión de poder entendernos y saber que compartimos la misma definición, también es importante ubicar qué valor tiene para nosotros y cómo nos mueve. Durante toda mi vida, mi mundo me enseñó que el sexo tiene un objetivo principal: demostrar amor a una persona muy especial. Y ya. No había otra razón. Además, siendo un hombre homosexual, tener sexo para reproducirme estaba completamente fuera de la discusión.

Por años viví el proceso de abrir mi relación como si fuera una bolsa de gomitas sin abrefácil. ¿Ubicas esa experiencia? Quieres abrir un paquetito de algo que no se deja y, cuando lo logras, se rompe la bolsa y explota todo el contenido por todos lados. Si te va bien, quedan algunos dulces adentro que puedes comer, pero también tienes la frustración de que no era lo que esperabas, tienes que limpiar el desorden y tirar a la basura pedazos de tu relación que pensabas que podrías disfrutar mucho. Ah, ¿dije relación? Quise decir *gomitas*.

La primera vez que consideré abrir una relación me pasó algo similar. Sentía muchos celos y necesidad de poseer a mi pareja para asegurarme de que me amaría A MÍ por siempre. Al mismo tiempo, estaba esta parte racional que me decía lo absurdo que era pensar que solo por tener sexo con alguien perdería algo importante en mi relación; solo para que ese mismo argumento fuera seguido de un latido fuerte de mi corazón y la firme creencia de que el sexo es algo que hago con alguien que amo.

Esta constante batalla en mi interior no me permitió disfrutar las pocas ocasiones en las que consentimos estar sexualmente con alguien más. ¡Ah!, porque, por supuesto, solo lo hacíamos juntos, donde pudiéramos vigilarnos y asegurarnos de que no pasara nada que no estuviera acordado.

Pero hay una mejor manera de lograrlo. Así como la bolsa de gomitas se podría haber salvado si hubiera sido paciente para planear la mejor forma de abrirla, las relaciones pueden sufrir enormemente por creer que urge que se dé. Esta necesidad de que suceda *ya* puede venir de varios lugares:

- Incomodidad porque mi pareja y yo no acostumbramos hablar de sexo. Mejor lo decimos ahorita y ya no lo mencionamos otra vez.
- Creencia de que, si no aprovecho esta oportunidad, no volverá a suceder otra vez.
- Miedo de que, si lo pienso demasiado, los celos y mis inseguridades evitarán que pueda forzarme a llevarlo a cabo.
- Necesidad de que mi pareja obtenga lo que quiere por miedo a que me deje.
- Entre otras...

En todas esas opciones, la decisión se está tomando para huir de algo desagradable. El resultado son relaciones lastimadas, forzadas y básicamente sacrificadas en nombre de una idea que no tiene el bienestar de los integrantes como principal objetivo.

Ahora, ¿cómo abro mi relación éticamente? El primer paso, antes de planteárselo a tu pareja es saber para qué quieres abrir tu relación y ser completamente honesto contigo mismo. Piensa que cualquier razón es válida porque es tuya. Desde querer algo de novedad en tu vida sexual hasta el simple hecho de tener ganas. No es necesario que justifiques tus deseos con bases biológicas explicando que somos animales sexuales; o con una teoría de sociedades en el mundo, haciendo una cartulina para explicarle a tu pareja que hay civilizaciones donde así se hace. El simple hecho de que lo quieras hacer es razón suficiente.

El segundo paso es entender la diferencia entre *reglas*, *acuerdos* y *límites*. Esto es importante para poder ser lo más claro posible en tu petición y expectativas. Puedes regresar a los capítulos de esos temas en este libro para revisar definiciones y ver ejemplos. Una de las razones por las cuales este paso es esencial es para evitar poner reglas no éticas que compliquen el proceso después. Un ejemplo muy popular es el "no digas, no preguntes", cuyas implicaciones expliqué anteriormente. En lugar de huir de lo desagradable, se puede caminar hacia la intimidad. Más que decir "no quiero saber", es una buena oportunidad para explorar qué es lo que te mueve. Juntos pueden atender esa necesidad y crecer como pareja.

El tercer paso es establecer y aclarar las necesidades de cada uno y de la relación. ¿Qué necesita cada quien en este momento? ¿Qué necesita su relación? Aquí es imperativo que sean completamente honestos. Platiquen sus miedos y sus expectativas.

Ejemplo:

A: *Me da miedo que te enamores de alguien más.*
B: *¿Qué te da miedo que suceda si me enamoro de alguien más?*
A: *Que dejes de amarme a mí.*
B: *¿Qué puedo hacer para que te sientas amado por mí? ¿Cómo podemos, juntos, hacer algo para que te sientas más seguro antes de abrir la relación?*

Cuarto paso: especificar acuerdos y límites (no reglas). Debido a que no estamos hablando de una relación poliamorosa, es posible establecer acuerdos donde, en primer lugar, se mantenga el bienestar de la pareja. Y no puedo repetirlo lo suficiente, hay que ser extremadamente claros y específicos.

Acuerdo vago: *Podemos tener sexo con quien sea.*

Acuerdo específico: *Podemos tener sexo con personas desconocidas, conocidos y familiares del otro.*

¿Te hizo ruido el último punto? Precisamente por eso hay que hacer esto con calma y darse tiempo para explorar lo que nos mueve. Al decir: "Puedes tener sexo con quien sea", existe la posibilidad de que ese "quien sea" incluya a tu ex o a tu hermano. Si esto te incomoda, puedes platicarlo con tu pareja.

Finalmente, el último paso es trabajar en sus herramientas de comunicación para poder atender lo que vaya surgiendo. Recuerden que los acuerdos son flexibles y pueden ser renegociados en cualquier momento. Si algo no funciona, es necesario que todo se detenga inmediatamente y se den el tiempo de poder platicar de nuevo para entender qué es lo que necesita cada uno.

Recuerda: si duele, ahí no es.

¿Y las ITS?

Para cerrar este capítulo quiero atender una de las principales preguntas que me hacen cuando hablo de relaciones no monógamas: ¿qué pasa con las infecciones de transmisión sexual? Habiendo crecido a finales de los 80, inicios de los 90, yo aprendí que el VIH era una sentencia de muerte. La primera vez que tuve contacto con el tema, me destrozó el corazón y reafirmó mi miedo a vivir mi sexualidad.

Conocí a Miguel a mis 17 años, teniendo él unos cuantos más. Fue la primera vez que viví enamorarme de alguien abiertamente pues para esos años yo ya había salido del clóset. Él también sentía algo similar por mí y yo me sentí muy afortunado pensando que ya había encontrado a alguien con quien tener una relación romántica.

Me contó que había tenido una situación de riesgo y quería hacerse una prueba de VIH antes de considerar siquiera una relación conmigo. Lo acompañé tanto a hacerse la prueba como a recibir los resultados. En esta segunda visita, salió de la oficina del doctor muy triste. Cuando me dijo que había salido positivo, sentí un peso enorme y mucho dolor en mi pecho. Al no saber hacerlo diferente, intenté ayudarle buscando alguna frase para subir el ánimo y le dije: "Bueno, hay que mantenernos positivos", a lo que él respondió: "Yo ya soy positivo, así que voy ganando". Nos reímos y luego lloramos juntos.

Eso fue antes de que yo tuviera mi primera relación sexual. Para colmo, cuando sí sucedió (con otra persona), el condón se rompió. Viví en angustia y pánico durante las largas semanas que había que esperar como periodo de ventana y luego el tiempo que tomaba recibir el resultado. Gracias a eso viví mi sexualidad con miedo, ansiedad y hasta culpa por muchos años. Buena parte de eso viniendo de la desinformación.

En mi segunda relación, descubrí que tenía heridas en mi pene. Muy muy dolorosas. Fui al doctor y me dijo que no sabía qué eran, así que me mandó un tratamiento inútil. Fui a dos doctores más que tampoco pudieron darme respuesta. Además del dolor constante que sufría, tenía la preocupación de no saber qué me pasaba, ni confianza para hablar con alguien al respecto.

Eventualmente, di con un doctor que pudo decirme lo que era: herpes. Me sorprendió porque yo asumía que eso solo le daba a la gente que tenía sexo casual en lugares de encuentro. El doctor me dijo que el herpes es mucho más común de lo que yo pensaba y que gran parte de la población lo tenía de una forma u otra. Además de que al transmitirse, puede tardar incluso años en provocar síntomas, por lo que no había forma de saber cómo fue. Lo irónico es que en ese tiempo yo solo había tenido relaciones monógamas y prácticamente nada de sexo casual.

Finalmente, hace como diez años, descubrí que tengo VPH a partir de que Marco notó algo. Fui al doctor, me lo quitaron y no he tenido ningún síntoma desde entonces.

El herpes se controla con valaciclovir cuando surge un episodio, pero tampoco he tenido uno en años.

Te cuento todo esto porque las veces que tuve una situación de ITS, yo asumí que era el único al que le había sucedido. Realmente lo que pasa es que nadie habla de eso, por lo que se vuelve algo muy solitario, de mucha vergüenza y culpa.

Las infecciones de transmisión sexual son eso, infecciones. Piensa en comer tacos. Puede ser que los hagas en casa y un día te caigan mal por la razón que sea. También puede ser que decidas comer fuera y de pronto uno de esos tacos que te comiste tenía algo que no te diste cuenta. ¿Qué haces? Vas al doctor, tomas medicina y listo. La única diferencia es que si fue por comer tacos, nadie te juzga, pero si es por cogerte a alguien, ahí sí es un problema. "¿Y qué hay de las que no se curan?", te preguntarás. El herpes y el VPH son muy comunes y es muy probable que ya tengas uno o dos de esos (¿cuándo fue la última vez que te hiciste pruebas?). Por otro lado, el tratamiento de VIH ha cambiado muchísimo. Hoy existe el PrEP, una pastilla que tomas y previene la transmisión del virus. Además, una persona VIH positiva que está indetectable no puede transmitir el virus. En otras palabras, yo puedo tener sexo sin barreras con una persona que tiene VIH indetectable o yo tomando PrEP, sin que me transmita el virus.

En cuanto a las demás, recuerda que la única forma de saber es haciéndote pruebas. Si nunca lo has hecho, existe la posibilidad de que tengas alguna y ni cuenta te hayas dado. Aun si estás en una relación monógama tradicional, a menos que seas la primera pareja sexual de tu pareja y viceversa, han tenido contacto con al menos una persona más.

Y tu salud sexual es tu responsabilidad. El sexo seguro no existe, todas las prácticas conllevan cierto tipo de riesgo. Más bien, hablemos del sexo consciente de riesgos. Recuerda que vivir siempre implica riesgos. Cuando conoces más acerca de las ITS, puedes aprender a prevenirlas mientras vives tu sexualidad como quieres.

HEMOS LLEGADO AL FINAL DEL CAMINO AMARILLO.

Ahora es tu turno. Debes decidir si quedarte con el mago, con la bruja o tomar tu escoba y volar más allá de los confines de Oz. Tómate un par de minutos y revisa cómo estás con eso. Recuerda que este fue mi camino a partir de mi experiencia y no tiene que ser el tuyo. No lo comparto como arquetipo de lo que debería ser una relación, más bien deseo que te ayude a sentir curiosidad por opciones que tal vez no has considerado, empoderamiento al entender nuevos conceptos y, sobre todo, compañía, sabiendo que no eres la única persona que está pasando por esto.

Al escribir este libro y revivir historias, me doy cuenta de qué tanto he logrado resignificar los conceptos de *amor*, *relación* y *felicidad*. Ya no estoy enfocado en tener pareja, pero tampoco estoy terco pensando que debo poder estar solo. Hoy sé que el sexo no implica penetración, que los besos, las caricias y la intimidad también pueden ser sexo, aunque no haya penetración. De igual manera, ha cambiado mi concepto de *fidelidad* y *familia* a algo que es mucho más satisfactorio para mí.

También deseo profundamente que no adoptes todo lo que digo en este libro. ¡Cuestiónalo! Como te lo dije, nadie tiene la única verdad, y eso me incluye a mí. Pero como la verdad es inefable (googléala, es una palabra linda), realmente no importa. Toma lo que te sirve y lo que no, deséchalo. Construye tu camino junto a otras personas compatibles contigo, gente que sea compasiva y empática contigo, al mismo tiempo que te acompaña y te ayuda a ver eso que tal vez está en tu punto ciego.

Aquello que sí quieras aplicar, por favor, hazlo con compasión, tanto para tus relaciones como para ti. En mi contenido hago un gran esfuerzo por dejar claro que usar esas herramientas y estrategias ¡no siempre me sale! A veces es más fácil, a veces parece imposible. Incluso cuando ya está establecido en mi dinámica de relación, a veces se nos olvida o no tenemos la suficiente energía emocional para lograrlo. Poco a poco todo eso se ha hecho más natural para mí y ni siquiera tengo que pensarlo, pero me tomó años llegar aquí. Minimiza tanto como puedas el juicio hacia tu pareja y hacia ti.

¿Este tipo de relaciones serán "normales" algún día? Lo pienso a veces como las orientaciones sexuales e identidades de género porque, aunque sigue habiendo mucha resistencia, hay más información y visibilidad. Por eso tomo una página de esos conceptos cuando hablo de relaciones éticas, independientemente de que sean monógamas o no monógamas; es más, eso incluye relaciones familiares, platónicas y hasta laborales. Construir una relación siendo conscientes de nuestros valores esenciales, atendiendo nuestra autenticidad, con compromiso y amor, no está limitado al amor romántico.

Aun así, yo no quiero esperar a que se normalice, a que todos los demás lo hagan o a que no tenga que explicarle a cada persona con la que salgo la diferencia entre poliamor y relaciones abiertas. Tampoco quiero esperar a que la comunicación compasiva y no violenta se vuelva más natural. Quiero rodearme de personas que sean compatibles con el tipo de relación que quiero y necesito.

Aunado a eso, seguramente ya se los dije en persona, pero quiero que quede aquí en papel (o en el formato que esté). Tengo una maravillosa familia elegida que es mi red de apoyo. Amigos muy queridos que han estado ahí cuando tengo mis colapsos y cuando quiero celebrar mis victorias. Ustedes que me dicen: "Pues ya, ve a darte en la torre, aquí estoy a tu lado y te levantaré si no sale como quieres", siempre con amor, empatía y validación.

Finalmente, hay tres personas sin las cuales yo no hubiera llegado a este lugar en mi vida. Mi mamá que siempre creyó en mí y me dio libertad y confianza plena en que saliera a explorar un nuevo mundo, asegurándome que estaría ahí. Ricardo, con quien compartí un vínculo romántico, que creía en mí aun cuando yo no podía. Él fue quien me dijo que escribiera lo que yo pensaba, incluso cuando yo consideraba que a nadie iba a importarle lo que yo tenía que decir. Y finalmente a Marquito, mi familia elegida con quien compartí diez años de relación romántica y ahora sigue siendo un compañero. No solo me enseñó cómo relacionarme mejor con otras personas, sino que ha sido un ancla que me ayudó a crecer y seguir adelante. Gracias a él fue que me sentí seguro de explorar mi sexualidad y explorar para encontrarme. No tengo más que un profundo amor y agradecimiento por ustedes.

Y recuerda: si duele, ahí no es.

Esta obra se terminó de imprimir
en el mes de mayo de 2025,
en los talleres de Litográfica Ingramex S.A. de C.V.,
Ciudad de México.

Recomendaciones de lectura

Brown, B. (2010). *The Gifts of Imperfection: Let Go of Who You Think You're Supposed to Be and Embrace Who You Are.* EUA: Hazelden Publishing.

Campbell, J., & Moyers, B. (1988). *The Power of Myth.* EUA: Doubleday.

Durvasula, R. (2015). *Should I Stay or Should I Go? Surviving a Relationship with a Narcissist.* EUA: Post Hill Press.

Easton, D., & Hardy, J. (1997). *The Ethical Slut: A Guide to Infinite Sexual Possibilities.* EUA: Greenery Press.

Etxebarria, L. (2017). *Más peligroso es no amar.* México: Aguilar.

Fern, J., & Easton, D. (2023). *Polywise: A Deeper Dive into Navigating Open Relationships.* EUA: Thornapple Press.

Fern, J. (2020). *Polysecure: Attachment, Trauma and Consensual Nonmonogamy.* EUA: Thornapple Press.

Labriola, K. (2013). *The Jealousy Workbook: Exercises and Insights for Managing Open Relationships.* Canadá: Greenery Press.

Labriola, K. (2019). *The Polyamory Breakup Book: Causes, Prevention, and Survival*. EUA: Thornapple Press.

Levine, P. A. (2022). *Sanar el trauma: Un programa pionero para restaurar la sabiduría de tu cuerpo*. España: Gaia Ediciones.

Mahan, B. D. (2019). *I Cried All the Way to Happy Hour: What To Do When Self-Help Or Talk Therapy Haven't Really Helped*. EUA: Brian D. Mahan, SEP.

Martin, B. (2020). *The Art of Receiving and Giving: The Wheel of Consent*. EUA: Betty Martin.

Martín, G. (2017). *El ciclo del amor marica*. España: Roca Editorial.

Nietzsche, F. (2022 [1883]). *Así habló Zaratustra*. México: Penguin Clásicos.

Rickert, E., & Veaux, F. (2019). *Más que dos: Una guía para el poliamor ético*. EUA: Thornapple Press.

Winston, D., Matlack, E. S., & Lindgren, J. (2022). *Multiamory: Essential Tools for Modern Relationships*. EUA: Cleis Press.

Winston, D. (2017). *The Smart Girl's Guide to Polyamory: Everything You Need to Know about Open Relationships, Non-Monogamy, and Alternative Love*. EUA: Skyhorse Publishing.